珠宝玉石

鉴赏与收藏

刘志华 主编

上海科学技术出版社

图书在版编目(CIP)数据

珠宝玉石鉴赏与收藏/刘志华主编. —上海：上海科学技术出版社，2013.6
ISBN 978-7-5478-1692-9

Ⅰ.①珠… Ⅱ.①刘… Ⅲ.①宝石－鉴赏②宝石－收藏 Ⅳ.①TS933.21②G894

中国版本图书馆CIP数据核字（2013）第044979号

上海科学技术出版社出版
中国图书进出口上海公司发行
(上海钦州南路71号　邮政编码200235)
**********印刷　新华书店上海发行所经销
开本 787×1092　1/16　印张 15.25
字数：280千字　插页 4
2013年6月第1版　2013年6月第1次印刷
ISBN 978-7-5478-1692-9/G·359

如发生质量问题，读者可向工厂联系调换

自序

在很久很久以前，人们就认为：在我们这个星球上存在着的那些质地坚硬、色彩非常艳丽的宝石，是上天赐予人类的宝物，并且具有神奇的魅力和来自天外的力量。

人类对宝石理念的形成，"应首源于石，而发展与玉；繁荣乃至愈益于贵重珠宝"。所以，珠宝玉石的神奇是在"四美皆备"、"四德合璧"中孕育而成的。

珠，以其玲珑雅致、晶莹纯洁而成为美好和富贵的象征。人们将珍珠的品质同等于"五皇"（即：钻石、红宝石、蓝宝石、金绿宝石、祖母绿），珍珠也因其在孕育过程中的艰难与漫长，而被人们赋予极高的品质，并被称之为"宝石皇后"。

宝，以其富丽璀璨，金碧辉煌而成为闪烁着光芒的华贵一族。这些由3000余种已知矿物构成的百余种宝与石，其中的数十种代表了世界上最基本的宝石，分别是钻石、红宝石、蓝宝石、翡翠、祖母绿、海蓝宝石、碧玺、水晶、金、银、铂族等。

玉，以其柔和深邃、温润碧透而成为华美无瑕、辉映千秋的象征，也因其致密透明的组织、舒畅致远的音韵而被人们认为是有灵性的石头。人们心目中的玉，不仅包括角闪岩的软玉，还包括翡翠、水晶、玛瑙、孔雀石、绿松石、蛇纹石等硬玉和彩玉。这些玉都是天生丽质、美兼五德的化身。

石，以其质地坚硬、端庄秀美而显现出"石之美、有五德"的自然伦理性格；又因其具有一定结构的天然矿物集合体，也是地壳和地幔上层的构成部分，并含有丰富多彩的天然矿物元素而成为大多数的造岩矿物。

珠宝玉石是人们审美观和价值观的综合载体。中国是一个文明古国，也是世界上开发利用天然珠宝玉石资源最古老的国家之一，中国人对珍贵的珠宝玉石的认知历史悠久，尤其是在与众不同的审美观外，还展现出中华民族天人合一，悟性自然的，既有传统心态，又具现代气息的整体心理内涵。

从春秋战国至隋唐，至明清，直到今日，珠宝玉石还进一步被赋予了人格化、道德化、神秘化的色彩。在社会生活各个领域中，人们皆延续了珠宝玉石在思想、政治、经济、道德、宗教及现代科学技术、文化艺术以及生活时尚等方面的内涵及诠释。

在首版发行中，本书曾以图文并茂，信息密集而受到读者的喜爱；并经几次重印，均已售罄。这次经修订再版后，不仅从珠宝玉石的历史、材料特性、组成结构、形态、艺术造型来与读者共研共论，还从国际上流行的新古典主义潮流到现代的新理念、新风格中撷取营养，对珠宝玉石的物料挑选、饰用艺术的设计、精美工艺的制作等进行了增补。

如今，时逢盛世，科学昌明，在人类走向文明之际，如果想表现得与时俱进，表现得风华绝代、品味独特，其中最佳的方法之一，就是把美学中无法言喻的魅力，通过珠宝玉石这一载体展现出来。所以其收藏品必将引起各界的兴趣，产生极大的社会影响，因为珠宝玉石是天地间的精华，是上天赐予人的宝物；人类需要她，喜爱她，鉴赏她，典藏她。

2013 年 1 月

目录

壹　概述

一　珠宝玉石造化之神妙　/002
二　珠宝玉石的历史　/003
三　珠宝玉石的概念及文化象征　/008

贰　宝石的故事

一　摩根石和摩根纪念厅所收藏的稀世珍宝　/012
二　迷人的玛瑙　/016
三　伊斯坦布尔的经典珍宝　/020
四　南非钻石的辉煌　/022
五　俄罗斯皇族的世纪珍藏　/027
六　品味珍珠　/033
七　诗与画凝结而成的孔雀石　/036
八　葛拉德——英国王室御用珠宝店　/040
九　"希望"之钻的轶事　/045
十　幸福绚丽的诞生石　/049

叁 贵美宝石

- 一 钻石 (Diamond) /068
- 二 红宝石 (Ruby) /075
- 三 蓝宝石 (Sapphire) /080
- 四 祖母绿 (Emeralb) /088
- 五 欧泊 (Opal) /094

肆 贵金属饰品

- 一 黄金 (Gold) /100
- 二 铂族金属 (Platinum Metals) /106
- 三 白银 (Silver) /109

伍 著名宝石

- 一 金绿宝石 (Chrysoberyl) /114
- 二 翡翠 (Jadeite) /118
- 三 和田玉 (Hetian jade) /123
- 四 珍珠 (Pearl) /131
- 五 石榴子石 (Garnet) /138
- 六 橄榄石 (Peridot) /143
- 七 碧玺 (Tourmaline) /145
- 八 水晶 (Rock Crystal) /148
- 九 青金石 (Lazurite) /155

十　黄玉 (Topaz)　/159

十一　孔雀石 (Malachite)　/162

十二　绿松石 (Turquoise)　/164

陆　普通宝石

一　萤石 (Fluorite)　/168

二　尖晶石 (Spinel)　/170

三　蛇纹石 (Serpentine)　/173

四　磷灰石 (Apatite)　/175

五　红柱石 (Andalusite)　/176

六　蓝晶石 (Kyanite)　/177

七　锡石 (Cassiterite)　/178

八　其他可作宝石的矿物　/180

柒　生物宝石

一　珊瑚 (Coral)　/182

二　琥珀 (Amber)　/190

三　象牙 (Ivory)　/196

捌　如何选购称心如意的宝石饰品

一　常见宝石的种类和特点　/202

二　决定宝石价格的因素　/203

三　同一种宝石价格悬殊的原因　/204
四　宝石的价格趋势　/205
五　怎样选购宝石首饰　/206
六　如何避免买到假宝石　/208
七　人造宝石与天然宝石的区别　/209
八　宝石鉴定书　/211

玖　附录

一　当今国内外珠宝玉石市场　/214
二　珠宝玉石术语　/221

后记　/236

一
珠宝玉石造化之神妙

有人说："每一颗珠宝，在她的丽质与华贵之中都隐藏着一分深情"；有人说："每一枚玉石，在她的晶莹幽深之中都饱含着一分崇德"；"小小的钻石，诉说着天荒地老，永恒的爱情"；"佩戴宝石，不仅平添仕女的风颜，也彰显出内涵的气质与坚贞"……

占训中，宝石被赋予五德，即"仁、义、智、勇、慧"，因此，人们常以"君子比德于玉"自命。这些均是训示人们对理想的执著，对永恒的向往和对世人的警示。

据说，大自然在创造生命的同时，还赐予了人类恩惠，那就是大自然创造了琳琅满目、五光十色的宝石。"赤橙黄绿青蓝紫，谁持彩练当空舞？"

红色宝石——"首领彩练翩翩起舞"的就是赤色宝石。红色代表热情而奔放、强烈而挚诚，红宝石、石榴石、红珊瑚更是将红色之美诠释得淋漓尽致。

橙色宝石——橙色代表了甜美和温暖，因为她是柑橘的颜色、火焰的颜色、兴奋和喜悦的颜色、吉祥如意的颜色。琥珀和火欧泊就是橙色宝石的代表。

黄色宝石——黄色代表了给人类带来晨曦般的阳光和缕缕的金色。黄色的宝石熠熠生辉，黄玉、黄水晶就是黄色宝石中不可缺少的一族。

绿色宝石——碧绿的草茵、透绿的橄榄叶，绿色总是和春天的来临和勃勃的生机联系在一起，绿色总是与蕴含生命的讯息和青春的脚步联系在一起。橄榄石、祖母绿、翡翠，正代表着丰富与平和、博大与平衡。

青色宝石——"青山依旧，青烟层岚"。青色，总是和幽深含蓄、青云直上联系在一起。天青石、青金石代表着"青取之于蓝，而胜于蓝"。

蓝色宝石——蓝色代表了蔚蓝的海洋，湛蓝的天空。蓝色的宝石代表着高雅、大气、庄重、明丽。也许，这也是欧洲人对蓝宝石情有独钟的缘由。

紫色宝石——紫色的属性与人们的感知和灵性有着相关的互映。紫色宝石中的紫水晶与属于翡翠一种的紫罗兰代表着高贵典雅，也最能够映衬仕女们悠然释放的犹如紫丁香一般的优雅气息。

珠宝玉石的历史

星辰和大地上所有的珠宝，在历史长河的盛典上不断地闪烁着光芒，一提到珠宝玉石的历史，常会使人联想到尼罗河畔的古埃及文化、爱琴海边的古希腊文化、地中海海风漾起的古罗马文化、底格里斯和幼发拉底两河浇灌的美索不达米亚平原文化、布拉马普德拉河和恒河流域的古印度文化、南美洲热带丛林的印加

由玉、玛瑙和数十枚玉珠、玉管组成的西周饰品

文化、古墨西哥尤卡坦地区的玛雅文化……珠宝玉石文化，作为最主要的元素，和人类幸福美好的社会发展共咏着和畅、和美、和谐、和悦的和声。

人类对天然珠宝玉石的认识和开发利用，不但创造了悠久的历史与光辉灿烂的文化，而且使珠宝玉石的品种变得十分纷繁多样。特别是在20世纪，世界珠宝玉石行业的发展十分迅猛，国际珠宝市场空前繁荣。

以中国为例，新石器晚期各种文化大多出现了石质装饰和玉璧饰品。在长江流域，以良渚文化玉璧为代表，采用的玉材是当地所产的透闪石质，大多"色杂质不纯"；磁山文化中，石质工具中的石刀、石斧、石锤、石铲进一步推动了当时社会生产力的发展，且玉

碧玉斧

器和宝石饰品工艺程度有了很大进步，绿松石、岫玉和其他玉种被制成了许多美化生活的饰品，如耳坠、手镯和串珠；红山文化是中国北方新石器时代的重要代表，勾云形玉佩则是红山文化玉器中所特有的一大器类；龙山文化中的玉猪龙，其玉质莹秀温润，形象奇异神秘，代表了这一时期玉石文化的发展。

夏、商以后，玉饰的应用已十分广泛，玉饰质材的使用逐渐注重装饰性和艺术性，"上至天子，下至百姓，未有身不佩玉者"，如河南堰师二里头出土的嵌绿松石饕餮纹牌饰，所嵌绿松石磨成种种形状，非常精巧。商、周时期玉璧成为贵族阶级专用的礼器，商代玉璧多素面、无纹；周代大璧无纹，小璧则有雕琢精美的纹饰，如《周礼》注称，"周公植璧于座"。周代的玉具纹饰弧、曲线流畅、动物造型优美，祭器、礼器、饰件如珪、璋、璧、玦、琮、刀、珠、环等，饰面造型的多样生动、线条关系的准确都极具特色。

春秋战国初期，宝玉石已达到品种多样化、技术工艺化、理念人格化的境界；原料品类有岫玉、独山玉、水晶、绿松

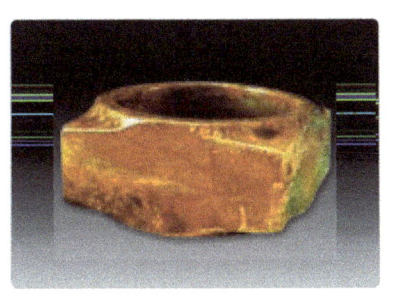

玉琮

石、孔雀石、玛瑙和占主导地位的和田玉。战国时的伟大诗人屈原写有："登昆仑兮食玉英，与天地兮比寿，与日月兮齐光"的诗句。春秋战国时期已有"君子无故，玉不离身"和"君子必佩玉"之说，孔子更是认为"君子比德于玉，德明而玉之真伪自判矣"。"和氏璧"是家喻户晓的故事，公元前300多年前，秦昭王得悉赵惠王持有和氏璧，愿许以15座城池作为换取和氏璧的条件，足见其价值连城。

秦始皇在灭韩、赵、魏、楚、燕、齐六国之后，毁弃了先前的礼制和玉制，命玉工孙寿将李斯撰写的"受命于天既寿永昌"雕刻在和氏璧上，成为传国之玺。除玉玺外，秦代的玉业由于受

到极大的抑制,处于衰萎时期,故遗留的其他玉器甚微。

到了汉代,宝玉石文化又进入了振兴发展转折期。汉代盛行人物形玉佩,较常见的有玉舞人和玉翁仲两种。玉舞人是汉代常见的佩饰,舒袖舞动、翘袖折腰是这一时代的特色;玉翁仲采用汉代风格的"汉八刀"雕琢方法,大多为长须大袍、头戴平冠的老者人物,生动显示出汉代艺术朴实无华的特点。

龙马形玉佩谷纹对璧

晋代开始,人们对宝玉石和贵金属有了更广泛的认识。宝玉石的范围已拓展至金刚石、水晶、玛瑙、琥珀、绿松石、珍珠、燕子石(三叶虫化石)以及砚石、花岗石、云石等。如湖南长沙晋墓出土的金珠花、内蒙古凉城晋墓中出土的兽头形指环、南京晋墓中出土的玉双螭鸡心佩等,一些金银镶嵌的珠宝首饰代表了这一时代的经济和工艺水平。

唐、宋时期,随着经济、科学、文化事业的发展,宝玉石业又出现了空前的繁荣,对红宝石、蓝宝石、水晶、玛瑙、蓝田玉、绿松石、昆山玉、翡翠、夜光玉、琥珀和中国四大名砚(端砚、歙砚、洮砚、澄泥砚)等天然宝玉石的开发利用也有了进一步的发现和认识。在陕西省西安南郊保家村，窖藏出土的1000余件文物中发现的红宝石、蓝宝石成为中国宝玉石史研究的重大突破。唐代称蓝宝石为"瑟瑟"，白居易在《暮江吟》中写道："一道残阳铺水中，半江瑟瑟半江红。"翡翠、珍珠在唐代亦备受重视，杜甫诗云："越裳翡翠无消息、南海明珠久寂寥。"

唐、宋玉器的生产及使用，在继承前代基础上有着创新和突破。在制形方面有花、鸟、人物，不但题材丰富，而且生活气息浓厚。各类珠宝玉石不仅为宫廷、皇族、达官、贵人、富商所拥有，且民间制品也有着相当的发展，并促进了当时的对外交往。这个时代的经济、科学、文化的发展，除珠宝玉石等饰品外，作为文房四宝的砚石业也得到发展。因为它是广义的宝玉石工艺制品的一个重要分支，如广东的端砚、山东的红丝砚、安徽的歙砚、甘肃的洮砚，不仅兴盛于唐代，且沿袭至今。

元代、明代、清代宝玉石行业的发展，表现在和西域玉石贸易已是非常繁荣了，元代用玉料3 000多千克的"大山玉海"，便代表了这个时代的文化伟绩。明代宋应星在《天工开物》中云："凡玉入中国，贵重用者尽出于阗葱岭。"近代帝王对玉的喜好超于前朝，乾隆、慈禧是这个时代的领军人物。乾隆令玉工将一块高224厘米、宽96厘米、重约7吨的整玉，耗时10年光景，雕成了一座《大禹治水图》的山子，体现了这一时期对玉石原料的开采、搬运、鉴定和雕琢技艺已经达到相当水平。

中国之所以享有"玉石之国"的美誉，是因为在历经春秋战国、周秦汉唐、宋元明清而绵延不绝的中国宝玉石文化，已形成了悠久的工艺历史和鲜明的民族风格。人们已经把对德和美的追求融注于瑞玉、佩饰之中，同时也深深地融合到中国的传统文化和礼俗之中。

新中国建立后，宝玉石业更是有了长足的发展。20世纪70年代至80年代，随着我国经济的飞速发展、人民物质文化水平的迅速提高，宝玉石业出现了推陈出新、百花齐放的良好局面，

10～13世纪的珠宝嵌饰圆盘，直径24厘米

特别是近十年来，宝玉石业在材料来源、艺术造型、加工技术、合成生产、最终验定、科学研究以及技术人员和雕琢名师的培养方面都取得了很大成就，有力推动了国内和国际珠宝市场的发展，使我国的宝玉石业出现了空前的繁荣。

珠宝玉石的概念及文化象征

在数千年的人类历史发展过程中，珠宝玉石文化的出现由粗放至精细、由初级到高级，给人类的社会生活以及文化的发展带来了一种前所未有的新变化。随着社会不断的进步，人们对珠宝玉石文化的认识理解也不断地细腻、深化，对珠宝玉石的认识也逐渐开阔，并使其内涵和外延不断扩展。

从广泛的意义上来理解，珠宝玉石是指在自然界中具有美观的形态，经加工后可成为具有艺术价值、经济价值、鉴赏价值和收藏价值的工艺品，以及无机和有机材料、自然界中含有贵重金属（虽不是宝石，但从与宝玉石的关系及理念上已进入宝石范畴）的材料。其中有钻石、翡翠、珍珠、象牙、琥珀和自然金属宝石等，因而人们常以宝石来概括其含义。

宝石狭义的概念，是指那些具有色泽艳丽、光彩夺目、唯独稀有的单晶体矿物，如：钻石、红宝石、蓝宝石、祖母绿等。

玉石是指根据元素组成矿物、矿物组成岩石的物质结构的基本原理，也就是由多晶质矿物和非晶质矿物组成，并分布于地壳中，硬度在3度以上、7度以下，在光学性质、颜色、质地方面符合致密、细腻、坚韧、温润、光洁，状如凝脂，以及透明度均达到工艺要求的岩石，如翡翠、玛瑙、绿松石、羊脂玉等。

元素为万物的基础，是组成珠宝玉石的基本物质。氧、硅、钙、镁、碳、铝等112种元素已被人们认知，其中有92种是组成天然珠宝玉石的主要或重要元素。世界上的矿物有3000余种，但可作为珠宝玉石的仅100余种，其中的12种代表了世界上最基本的宝石，它们是钻石、红宝石、蓝宝石、祖母绿、海蓝宝石、金绿宝石、电气石、橄榄石、石榴石、珍珠、蛋白石和黄玉。这12种宝石中的钻石、红宝石、蓝宝石和祖母绿，是世界著名的"四大宝石"。作为珠宝玉石所具备的条件应是："坚硬而玉澈琼玑、柔润而色泽雅丽、稀有而接近唯独、无害而有利健康"，也就是："美观大方、稳定耐久、稀少唯独、有益无害。"若用专业术语来讲，要具备一定的化学特性、物理特性和光学效应。

艺术欣赏是一种文化意义上的审美活动。珠宝玉石除保值、收藏之外，无非是在它的颜色、造型和审美上能体现感情特征和文化象征。审美就是对于美的欣赏，人们对现实生活中美的事物（生活之美）和艺术作品（造型之美）的欣赏都是一种审美活动。

颜色具有文化象征意义的传统由来已久，在世界范围内都有着普遍的意义。赤橙黄绿青蓝紫，给人们的感觉总是那么美好；她会给人们带来兴奋、温暖、刺激、热情、喜悦、光明、希望、灿烂、辉煌、愉悦、甜美、清新、安宁、青春、平和、活泼、明亮、理智、幽远、平静、雅致，以及喜怨哀乐、光明正大、充满活力、华丽质朴的感受。不同的颜色能对人的心理和生理产生不同的作用和影响。人类的感觉是最敏锐的，即使是最精确的仪器，对其都难以测定，以上列举的珠宝玉石的色彩感觉，就是人们的文化积淀，也是一种文化意义上的审美活动。

任何珠宝首饰品的造型都属于工艺美术制品，都属于造型艺术。她是以美为技术而制作成的各种与实用相结合，有欣赏价值的工艺品。首饰品更有双重性，既是物质产品，又具有精神方面不同程度的审美性。作为物质产品，它反映着一个时代、一定社会物质和文化的生产水平；作为精神产品，它的视觉形象（造型、色彩、装饰）体现了一个时代的审美观。

首饰品的造型要素是指构成形体的基本知觉要素，包括形态造型、肌理、色彩三个部分，其中形态是造型的要素基础，又可作如下分类：

$$形态\begin{cases}——纯粹形态 & （抽象形态）——概念形态\\ ——自然形态 & \\ ——人为形态 & （具体形态）——现实形态\end{cases}$$

概念形态，也就是从几何学定义，以点、线、面、立体来认识的，其本身不能被直接知觉，为了作造型要素被表示可见的记号，从而成为纯粹形态的基本形态。任何首饰品的造型都是由几何的点、线、面来体现。在这里我们无须以抽象绘画的鼻祖康定斯基的哲学观点来谈首饰品的点、线、面的含义；但是他的点、线、面、立体的造型理念确实融入了首饰品造型作品的内容中。珠宝玉石有她的设计师、造型师，任何首饰饰品都是由非常具体的点、线、面所组成。就线条来说，各种不同类型的线性关系，可以组成各种不同感受的感情色彩，如直线，给人感觉爽朗、简洁；曲线，给人感觉平滑、婀娜；竖线，给人感觉挺拔、刚直；横线，给人感觉平稳、安定等。所有这些，都可以体现出珠宝玉石的文化内涵。

在人类历史发展过程中，正因为珠宝玉石的出现，才会对人类的生活、社会和文化的发展带来一种前所未有的变化，并对文化生活和社会进步产生深远的影响。如果把珠宝玉石当作生活之美的传播媒介来看待，那珠宝玉石在人类发展中的地位和作用是一种较好的概括。除此之外，它还意味着一种新的生活方式，而且随着这种生活方式在古代和当今被普遍接受，珠宝玉石的特有文化气质也必将对人类社会带来深远的影响。

宝石的故事

一

摩根石和摩根纪念厅
所收藏的稀世珍宝

1 摩根石的来由

摩根石的名称出自美国纽约自然史博物馆里的摩根纪念厅。许多专业人士都喜欢将其称为"莫根石"。有人问：摩根石是一种什么宝石？其实，摩根石是一种绿柱石，属于绿宝石，只是这种绿宝石在绿色的基调之中略呈现粉红或淡紫色；也有人问道：绿宝石又怎样会形成粉红色的呢？其主要原因是，在自然界，宝石体中已被渗入了锰元素。在绿宝石里，除了有粉红色的外，也有淡橘红色的，表现出一种特殊的美。这种宝石，既有冷色又含暖色，既有微量的对比，又有统一的和谐，使人油然产生一种温馨无比的感觉。所以，摩根石在绿宝石中显得特别名贵，也非常惹人喜爱。

2 摩根纪念厅的故事

摩根商会是全美国乃至世界最大的财团之一,为了显示自己的财富,他在当年举办的巴黎万国博览会上,以当时币值 25 万美元的价格买下了世界级富豪蒂凡尼(CharlesLewis Tiffany,1812 ~ 1902)所收藏的所有宝石并公开展示。世界著名宝石"印度之星"就是蒂凡尼的珍藏之一。除此之外,蒂凡尼收藏的世界级极品宝石还有著名的"深夜之星"、"德龙之星"等。所有这些,此后都成为了摩根纪念厅收藏珍品中的镇馆之宝。

一颗以蒂凡尼本人命名的"蒂凡尼钻"重 72 克拉,这颗钻石在自然界中很是少见。其色彩金黄,晶莹剔透,富丽堂皇,华丽无比,它同样是美国蒂凡尼公司的藏品。为了使这一特殊的钻石在色彩对比方面显得更加突出,蒂凡尼公司对镶嵌工艺设计方面提出了严格的要求,并将"蒂凡尼钻"镶嵌于一簇簇无色的碎钻之中。今天,我们在摩根纪念厅观赏到的"蒂凡尼钻",除了其别致的精工组合之外,另一个独特之处就在于,她被开采出来的时候,就已经是一颗纯净无瑕的黄色钻石了。

蒂凡尼钻(Tiffany,72 克拉),这颗金黄色的钻石,在被开采出来的时候就已是一颗纯净无瑕的黄钻,为了使其更加突出,蒂凡尼将其镶在一堆无色的群钻之中

3 星辉梦幻、争奇斗艳

在摩根纪念厅里的稀世珍宝,还真是不少,除"印度之星"外,还有产自被人们称为"辉煌之岛"的斯里兰卡,并由摩根捐赠的116.75克拉的星彩蓝宝石——"深夜之星"(Midnight Star)。这颗蓝宝石给人的印象十分神奇而梦幻,她那闪耀着深紫色的艳丽光芒十分与众不同。当参观者伫立在"深夜之星"前面,仿佛呼吸到斯里兰卡这个岛国所散逸着的浓浓的香料味和它的热带气息。湛蓝的天空飘着朵朵白云,婆娑的椰林映衬着蔚蓝的海水,热辣的阳光渐渐西下,夜幕徐升,遥望着灰蓝的云,半掩了东方的月,蓝宝石——"深夜之星",散布着北极光般的辉煌,拥簇在天际的繁星,架成了夜色中的云海桥梁……

荟萃于摩根纪念厅的稀世珍宝还远不止这些。一颗由德龙夫人(Madam de Long)捐赠的重达100.32克拉的星彩红宝石——"德龙之星"也被列入名贵宝石范围之内。这颗红宝石产于缅甸一个美丽的山谷之中。亚洲素以盛产红宝石、蓝宝石、翡翠、金绿宝石、青金石等闻名于世。

在摩根纪念厅里还藏有一颗87.6克拉的绿宝石——"席特拉"(Shetler Emerald)。她产于印度,而印度也是世界上盛产宝玉石的一个大国,迄今所发现的宝石、玉石至少有100余种。1946~1951年,在印度拉贾斯坦邦的梅瓦尔县和阿杰米尔—梅瓦尔县所发现的一系列大型祖母绿矿床,丰富了印度的宝玉石资源。除此之外,印度在世界上具有优势的宝玉石有:玉髓、木变石、东陵石、古铜辉石、紫苏辉石、透辉石、月光石、钠沸石等。

印度产的宝石还有一个特点,那就是大多具有猫眼效应和星光效应。绿宝石"席特拉"就是众多印度宝石之中的佼佼者之一。据史料记载,300年前,印度莫卧儿王朝国王沙杰罕晚年疾病缠身,加剧了莫卧儿王朝的政局危机。他的3个儿子为了篡夺王位,发生内讧。1685年6月25日,沙杰罕的小儿子奥朗则发动武装政变,击败他的两位兄长夺取了王位。经过切割琢磨的"席特拉"绿宝石便成为头饰的一部分，戴在了这位王子的头上。

一颗名为"帕翠西亚"（Patricia Emerald）的绿宝石，是未经琢磨的、堪称世界最大的矿石结晶，其色泽靓丽、品质华贵，重632克拉，由一位不愿署名的贵族捐赠。对摩根纪念厅来说，绿宝石——"帕翠西亚"，又是一件争奇斗艳的稀世珍宝。

参观摩根纪念厅，像是在梦幻中神游，争奇斗艳的稀世珍宝比比皆是。一座重达270千克，产于巴西，号称世界最大的淡黄色黄玉（Topaz）单晶体，也是美不胜收，让人瞠目结舌。宝石不仅美丽珍贵，而且还在人类的历史上留下了许多矿物本身无法比拟的佳话。当然，那么多无价的稀世瑰宝，必须具备优雅的展示环境方能与之相配，摩根纪念厅就是一个十分优秀的展示场所。

纽约自然史博物馆在初创时期，馆方积极地在世界各地和美国国内收集各类展品实物和资料。1901年，摩根将自己收集、购置的蒂凡尼的收藏品悉数捐赠给纽约自然史博物馆，以供大众观赏。纽约自然史博物馆在这批捐赠收藏的基础上，再进一步充实了许多缤纷的矿物晶体和其他五光十色的宝石。此后，充满瑰宝的陈列室便被命名为"摩根纪念厅"。为了彰示摩根的精神，1911年，美国还将在加利福尼亚州发现的粉红色绿柱石命名为"摩根石"。

迷人的玛瑙

玛瑙（Agate）为玉髓的一种，亦为地壳里石英的隐晶质变种之一。玛瑙是一种具有条带构造二氧化硅变胶体矿物的结合体。其组成矿物是石英的隐晶质亚种，有的则含少量的蛋白石和微粒石英。由二氧化硅溶胶沿岩石空隙或空洞的周壁向内逐层沉积凝聚而成，呈块状、同心层状、结核状或自由纹理状产出。玛瑙的硬度与石英相同，折射率为1.53～1.54，贝壳状断口，透明至半透明，有玻璃光泽。玛瑙如果按其花纹和色彩的不同，可划分得很细，有苔纹玛瑙、云雾玛瑙、缠丝玛瑙、火玛瑙和水胆玛瑙等；色彩更丰富，有细玛瑙、紫玛瑙、绿玛瑙、黑玛瑙、缟素玛瑙和白玛瑙等。我国南京雨花台及江苏六合等地的雨花石（专指玛瑙的圆砾），因色彩和花纹绚丽，常引人遐想而深受大众喜爱。1988年汉城奥运会上，雨花石被选为"幸运石"。

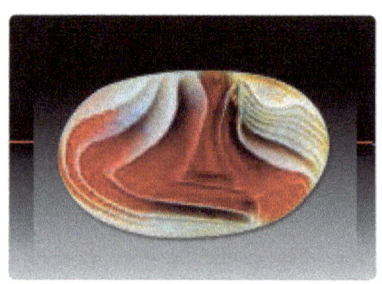

玛瑙（Agate），有些玛瑙因具有独特的颜色条带、花纹或晕彩而有不同的名称，这枚玛瑙俗称雨花石

有同心纹的玛瑙切片摆件

1 东方人对玛瑙的钟情

有人说：现代宝玉石可分为两大类，大多数西方人对于"无色系统"的钻石特别偏爱；而大多数东方人则对于"有色系统"的翡翠更加偏爱。东西方人不仅对红宝石、绿宝石和蓝宝石饱含着无比的热情和喜爱，而且还对玛瑙情有独钟。因为玛瑙是八月的诞生石并代表着永恒的夫妻之爱，即八月出生的人佩戴她，象征着夫妻幸福。

玛瑙帽盔·玛瑙碗具（反向），利用缟素玛瑙不同层次间的颜色对比，雕刻成的浮雕饰物

"玛瑙"的词源"onyx"在希腊语中指的是手指甲。手指甲呈半圆形，颜色是由肉与乳白色合成的，所以有这种层状和蛛丝状纹理的富含二氧化硅的原石，便称之为"onyx"（缟玛瑙）。李时珍的《本草纲目》中，已将玛瑙分为夹胎玛瑙、锦红玛瑙、缠丝玛瑙等许多品种。其中，缠丝玛瑙的纹带如蚕丝，若有红色或白色相间的色纹者，现又称红缟玛瑙或缟素玛瑙。

据我国现代地质学家章鸿钊在《石雅》中说：在我国汉代以

贡扎加的浮雕宝石，公元前3世纪产于亚历山大城，用缠丝玛瑙制成（15.7厘米×11.8厘米）

前，玛瑙称为"琼"、"赤琼"或者"赤玉"。当佛经传入中国以后，我国对玛瑙一词的使用才普遍流传开来。在《妙法莲华经》中，玛瑙的梵文译音为"阿湿摩基婆"，意为"马脑"，皆因这种玉石的纹彩似马脑而得名；后因"马脑"从"玉"，故有玛瑙一词。

玛瑙正是因为多姿多彩、五彩斑斓而闻名于世，所以被广泛认为是给夫妻生活带来幸福的石头，黑色玛瑙为男性用宝石，粉红色玛瑙为女性用宝石；自古以来玛瑙是夫妻和谐与永恒爱情的象征，因而受到人们的珍视。

2 唐代兽首玛瑙杯

在我国古代的典籍中，记载着许多有关玛瑙的故事。

在《唐书·德宗纪》中载："倭国（日本）向中国贡献玛瑙，大如斗器"。在《珍玩续考》中载："公元846年，渤海进贡玛瑙柜，方三尺，颜色呈深茜色，工艺精巧无比。"用贵重的工艺品作为国礼在我国汉唐时代就已盛行，如来自中亚的具有阿拉伯风格的艺术佳作——"兽首玛瑙杯"就是一件高贵的艺术品。她是由一块以深蓝色、深棕色为基调，夹有茶色、乳白、深鹅黄色为条带的缠丝玛瑙雕琢而成的，使这盏兽首玛瑙杯赋予了神奇的灵魂。工匠在雕琢这块带有美丽条纹的玛瑙时，充分利用了它的纹理色泽，做到因材施艺，艺尽其材，镂琢成一高贵典雅、形象可爱的兽首形玉杯。将纹理垂直的一端，雕琢成杯口，杯口外沿有两条凸弦纹,流畅而滑润;将纹理横向的一端,雕刻成一兽首形,这也是玛瑙杯雕琢技艺的精华所在。兽首圆瞪着大眼,甚至连眼球都刻画得黑白分明,神形兼备。兽头上的两个角,具有粗壮有力的动态美,几度弯曲的韵律感具有较好的艺术感染力。兽嘴镶金,犹如画龙点睛,更突出了兽首的造型美,既提高了玛瑙杯的体量,更使其增添了华贵感。这盏兽首玛瑙杯,是件国之珍宝,她既象征着权力,又体现着财富;既是一件高贵的艺术品,又是一件珍贵的国礼。如今,我们从此杯的造型和工艺来看,可以发现她蕴涵着地中海古希腊的文化特征。由于唐代经济繁荣、文化发达,国际贸易和对外交往频繁,特别是中亚地区的文化艺术大量传入我国,兽首形玛瑙杯很有可能就是那时从南欧的希腊由博斯普鲁斯海峡传入西亚的美索不达米亚平原,再由波斯文化交流的使者带到长安。

兽首玛瑙杯是在陕西西安何家村出土的,这里的窖藏是一个世界艺术宝库。在两个陶瓷瓮内共出土珍贵金、银、宝玉、金银币、玛瑙水晶等国内外宝物1000余件。其中,以兽首形玛瑙杯最为引人注目,是一件千载难逢、鲜润可爱的稀世珍宝。

唐代兽首玛瑙杯

三

伊斯坦布尔的经典珍宝

1 博斯普鲁斯海峡上的明珠

伊斯坦布尔原名君士坦丁堡。这座美丽的城市横跨在博斯普鲁斯海峡的两岸。从航空遥感图上看,伊斯坦布尔就像一座跨越欧亚两个大陆的天然桥梁,飞架在茫茫的地中海和黑海之间。它不仅象征欧洲和亚洲在这里紧密拥抱,同时也是欧亚两大洲紧握的双手——是东西方文化、科学技术、商业服务和友谊交流的地方。

夕阳中的大清真寺,使原有的蓝色被涂成了火红色,
是伊斯坦布尔最亮丽的地方之一

在奥斯曼统治的400年间,托普卡比宫一直是苏丹的宫殿,
现在已是展现各种金银珠宝和典藏的博物馆

2 昔日皇宫中的珍奇

土耳其中部位于安纳托利亚高原上,大多数为绿色的山岳所覆盖,不仅地势十分缓和,而且气候也十分宜人。在欧亚大陆"牵手"之处的伊斯坦布尔,是这个国家最重要,同时也是最具文化色彩的历史名城。多种文明在此融汇,造就了一座由雄心、胆魄、健康,具有远见卓识以及宽阔胸怀培育出来的伟大城市。托普卡比宫(奥斯曼帝国苏丹的老宫殿),在阳光下熠熠发光,给这座欧亚大陆之桥平添了些许神秘。皇宫般的蓝色清真寺,美丽极了。现在,这座宫殿已成为了博物馆,其无与伦比的伊斯兰建筑以及丰富多彩的珍藏,尤其是各种金银珠宝珍品,无不体现着昔日苏丹王朝的盛况。

托普卡比宫建造于1472年,耗时近十年方才竣工。以后的一次次扩建,使托普卡比宫日趋完善,到1850年才达到现在的规模。在东侧面临海峡的豪华厅所内,同样也藏着无数的财宝,充分显露出往昔苏丹的奢华情形。其中,以红宝石、蓝宝石、绿宝石、光芒四射的钻石、金绿宝石等形形色色的宝石镶嵌而成的皇冠、刀剑以及衣裳饰物等灿烂夺目，美不胜收，相当引人瞩目。其中有一颗被称为"印度之星"的星彩蓝宝石。这颗星彩蓝宝石是在斯里兰卡发掘到的，已有300多年的历史了，它的直径有10厘米左右，重量为563.35克拉，是世界上最大的星彩蓝宝石之一。价值连城的"印度之星"曾遭窃贼光顾，在被窃之前由摩根收藏，是世界上最贵重的珍宝之一。所幸的是，此物失窃以后，美国动员了全国的警力，最终寻获了这颗宝石。今天，"印度之星"仍然陈列于纽约自然史博物馆的摩根纪念厅内，可让慕名而来的各国观众一饱眼福。

四

南非钻石的辉煌

对南非的恋情，不仅是那里四季阳光的明媚，气候的宜人，城市的美丽，更吸引人的是，南非是黄金和钻石之乡。自1867年非洲瓦尔河下游发现金刚石、1869年塔蒂和博茨瓦纳发现金矿后，包括来自美国加利福尼亚和澳大利亚的成千上万的淘金者蜂拥至瓦尔河畔和波波河流域，开始了传奇般的淘金生涯。

南非共和国位于非洲最南端，是一个富有魅力、多元化的国度。大西洋和印度洋的海风湿润了南非东部、南部和西部的国土。地处南半球的南非，风光秀丽、气候宜人；气势雄伟的德拉肯斯堡山脉（Drakensberg）逶迤起伏，把全境分为内陆高原和沿海平原；中部碧绿如茵的草原，西部金黄的沙漠，弯曲

南非的开普敦（Cape Town），是世界上最负盛名的地方之一，迷人的风光使她有种难以抗拒的诱惑力，曾被BBC评为"人生必去的15个地方"之一

而平直洁白的海滩，湛蓝的大海一望无垠，将南非122万平方公里的国土装扮得分外绚丽多姿。南非，以其极为丰富的自然资源和人文资源，自中世纪以来便成为令人神往的胜地。

1 南非钻石的历史

南非是世界上最著名的钻石产地。1867年，一个小孩在瓦尔河流域捡到一颗金刚石；1869年，又发现了一颗重达83.5克拉的大金刚石，当时价值高达25 000英镑；1871年，在瓦尔河的南岸发现了一个原生金刚石矿床。这一连串的发现震动了世界，各地的淘金者争相到那里开采金刚石。潮水般涌来的淘金者，在瓦尔河畔和哈尔茨河交界处争相采集金刚石。一个新的城市——金伯利也应运而生。到了1872年，金伯利地区已有5万居民了。南非拥有世界最著名的金刚石矿——金伯利矿，其金刚石母岩也被称为金伯利岩。

从南非发现金刚石起到20世纪50年代，南非生产的钻石总价值达4亿英镑。据统计，南非1954年的钻石产量达111 300多

 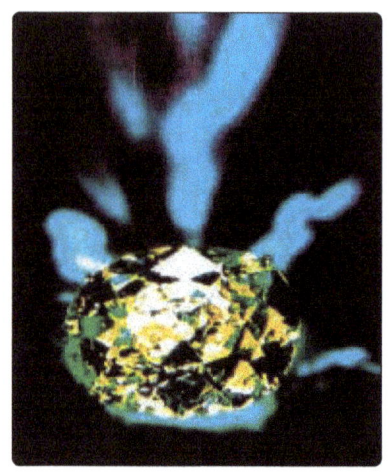

优越者第一（Excelsior, 69.68克拉），在南非贾格士夫滕矿山发现的"克利兰"重达 995.20 克拉，又名"优越者"，品质优良；后来又从中分割出 6 颗梨形钻石，其中又以"优越者第一"最大

尤里卡（Eureka, 10.73 克拉）在希腊语中的意思为"发现"。这枚钻石是在南非橙河河畔被当地少年发现的，据传，这是南非发现的第一颗钻石。尤里卡钻原重 21.25 克拉，后被切割成 10.73 克拉，正因为是南非第一钻，虽历经辗转，仍于 1983 年返还南非，并被保存在金伯利矿山博物馆

克拉，1960 年的产量为 141 500 克拉，1968 年的产量为 743 000 克拉，1970 年则达到了 815 500 克拉。目前，南非的钻石产量虽已大不如前，但仍是世界钻石的主要生产国之一。

2 光芒四射的"非洲之星"

钻石是一种经过琢磨的金刚石，是顶级宝石，人们常常用她作为事业或成就达到巅峰的标志。金刚石作为宝石之王自发现后的 2 800 多年来，由于灿烂夺目的美丽华贵，结构稳定的内在品质和自然界中的稀有唯独而一直受到人们特别的关注和青睐，尤其是南非的钻石，更是声誉卓著，无与伦比。世界上许多知名的钻石都出自南非。1905 年 1 月 25 日，在南非德兰士瓦

省地区出产的世界上最大的金刚石重达3 106克拉，由韦尔斯发现。这颗钻石依拥有者姓名而被命名为"库里南钻石"（Cullinan diamond）。1907年，南非地方政府将其献给了英国国王爱德华七世（Edward Ⅶ，1841～1910）。这颗巨型金刚石后来被切割成9颗大钻和96颗小钻，其中一块被特意留下而没有进行加工（重9.5克拉），其他的则被加工成大小不等的钻石。其中，最大一颗成型钻石重量为530.2克拉，取名"库里南1号"，并被冠以"非洲之星"（African Star）的雅号。

"非洲之星"的切割造型相当优美。正面看上去像"梨花一枝春带雨"的果实造型——梨形，碧透晶莹；再将其上下倒置，则像是一帧理想化的非洲版图，五光十色，闪烁着华贵的钻石光辉。"非洲之星"所富有的魅力，更加彰显她的美丽而愈加珍贵。

库里南1号（Cullinan Ⅰ 530.20克拉），是世界上最大的一颗钻石，1905年在南非比勒陀利亚被发现，后被切割成数块。

由上千颗大小钻石镶嵌成的英国王冠

"库里南2号"是一颗切角的长方形钻石。与"库里南1号"相比，其切割造型有所不同，重317.4克拉。除"库里南1号"、"库里南2号"外，其余几颗钻石中，一颗也是梨形，重95克拉；

一颗是方形，重64克拉；一颗呈心形，重19克拉；两颗呈马眼形，重11.5克拉；一颗是切角的长方形，重6.9克拉；一颗呈橄榄形，重4克拉。这些钻石中，有4颗钻石被镶嵌在英国国王的王冠上。据记载，这顶英国王冠目前被珍藏在伦敦的白塔（White tower）中，也就是今日伦敦塔博物馆的英国王室宝库之中。

3 伦敦塔博物馆镇馆之宝

位于泰晤士河畔的伦敦塔博物馆内，主要陈列着英国君王和皇族使用过的宝石和珍稀珠宝及金银饰品，闻名世界的"非洲之星"就是这里的镇馆之宝。

伦敦塔（The Tower of London）在泰晤士河的北岸，是英国最具代表性的中世纪城堡。伦敦塔是在1870年威廉一世所建的白塔基础上，在其周围又陆续增建了塔楼及护城河而成今日之规

由黄金和珐琅以及各种宝石、彩石镂雕而成的查理九世的头盔

模。伦敦塔身就是历史性的纪念物,塔楼内陈列着英国皇家的各类珠宝、金银器物和饰物,以及甲胄和头盔等。其中最精彩的当属各个历史时期英国国王的王冠、王笏以及徽章、标识等。而众星之王的"非洲之星"之所以举世知名,除了她是世界上最大的钻石外,更因为从英皇爱德华七世开始,她便一直被镶嵌在英皇的权杖上,这颗钻石权杖现陈列于伦敦塔博物馆中,而且显得特别注目。

缀满金银的大马士革式马镫,现藏于伦敦塔博物馆

这举世无双的镇馆之宝,堪称大英帝国的表征。

五、俄罗斯皇族的世纪珍藏

柏拉图曾经说过,珍贵的宝石应该是具有生命的物质。钻石之贵,应有别于其他珍贵宝石,犹如贵重金属——黄金成形之核心,其乃黄金凝结成透明质量之最纯粹、最高贵的部分。

钻石是世界上最坚硬的物质,她象征着坚固而永久。世界上许多国家古代的帝王也总希望自己的统治能够绵延致远,就像钻石一样能天荒地老。这也许就是10岁即位、1725年逝世的俄国沙皇彼得大帝在豪华的皇宫中大量汇集钻石和珠宝的原因。到18世纪末叶为止,曾有凯瑟琳一世、安娜、伊丽莎白和凯瑟琳二世等4位女王在俄国先后掌权。特别是在凯瑟琳二世登基时,经过几代王室的不断收集,俄国的钻石库已成为了世界上珍贵钻石最集中的地方。

1 克里姆林宫的珠宝天地

始建于12世纪中叶的克里姆林宫(Kreml)坐落在一座名为鲍罗维茨的缓平小山上,她的历史可以上溯到莫斯科建城后不久的1156年。克里姆林宫原来的旧址是尤里·多尔戈鲁基大公的城堡,外面围有木栅,称为"捷吉涅茨"。1367年,德米特里·顿斯科伊大公推倒了木制外墙,用石灰石筑起城垛。15世纪末,一群意大利建筑师应邀来到俄国,其中一部

莫斯科克里姆林宫不仅是政治、文化中心,
也是世界上最大的宝库,在军械库中珍藏着数量惊人的各种财宝

俄国的王冠上镶有1颗重398.72克拉的红色尖晶石宝石，这颗红色尖晶石代表着热情与奔放、热烈与诚挚，同时也象征着权力与华贵、坚固与恒久

沙皇钻石（88.70克拉），呈锥状，铭刻有波斯文，更使其蒙上了一层悬念色彩；1829年被献给俄国沙皇尼古拉一世，现存于莫斯科克里姆林宫

分著名建筑师到莫斯科，为克里姆林宫筑起了以红色砖墙为主体的20座塔楼。外面原来的木栅则被更为高大的城墙取而代之。这些城墙高达19米，宽6.5米。在如此众多的塔楼中，最为壮观的是"救世主塔楼"，她是莫斯科的主要象征之一。然而，克里姆林宫不仅仅是俄罗斯的政治、文化中心，也是世界上最大的宝库。在克里姆林宫军械库中，珍藏着数量惊人的令人眼花缭乱的财宝：有罗曼诺夫王朝第一位国君米哈伊尔的战盔和伊凡雷帝的象牙宝座，有世界上最为精美的宝石，有卡尔·法贝吉为沙皇家庭做的镶满珠宝的复活节蛋，有马头大小的金块，有镶嵌着成千上万颗钻石的王冠、头饰和项链。

俄语中，"克里姆林"为"堡垒"的意思，在这座戒备森严的堡垒里，全副武装的士兵威武地守卫着一个惊人的宝藏——俄罗斯国家宝物钻石储备库。

2 冬宫里庞大的珍藏

冬宫里由黄金和贵重宝石构成的庞大珍藏是在1719年彼得大帝下令收集的。为了集中财富，显示国威，他还颁布了保护珍宝的专项命令。如除上流社会以外，珠宝首饰不得在民间自由贸易，钻石和珠宝在规定的克拉、重量或成色内不得随意流通，必须由皇家收购和保管。在命令中还规定，沙皇彼得大帝以后的接任者，不得流失珍宝库内的珍藏，而要不断补充。

在叶卡捷琳娜二世时代，冬宫宝库里收藏了一枚世界上最大的蓝宝石胸针，这枚蓝宝石重252克拉，是亚历山大二世送给妻子的。叶卡捷琳娜二世与当时欧洲著名思想家、文化界人士和各

俄国圣彼得堡冬宫的女客厅，花费了数百千克的黄金，以追求辉煌，随着叶卡捷琳娜二世的登基，俄国宫廷与贵族文化的绚烂已达到登峰造极的境界

国的皇家贵族都有着密切的往来，社会交往也非常频繁。为了在社交场合体现自己的高贵，所以她对珠宝的酷爱程度无人能及。每换一个场合，叶卡捷琳娜二世都要佩戴价值连城的不同的钻石。她经常使用的一本17世纪的《圣经》，在白银镂镂的封面上还镶嵌着3 000余颗钻石。

叶卡捷琳娜二世每次在加冕仪式上佩戴的王冠都不雷同，她的权杖上更加少不了高贵的钻石和宝石。但当叶卡捷琳娜二世拥有了一顶镶有巨钻

叶卡捷琳娜二世每次在加冕仪式上佩带的王冠都不雷同，她追求欧洲各国女王华贵的风尚，不但追求钻石的大，而且追求钻石的数量，她手持的权杖上更少不了高贵的钻石和宝石

的王冠后，以前的这一惯例被改变了。如同欧洲其他各国女王追求华贵风尚一样，叶卡捷琳娜二世不但追求钻石的大，而且追求钻石的数量。她在这顶王冠上镶嵌了4 936颗钻石，总重达2 852克拉；最显眼的是，这顶王冠上还嵌有一颗398.72克拉的红色尖晶石宝石。这颗红色尖晶石不仅代表着热情与奔放、热烈与诚挚，同时也象征着权力与华贵、坚固与恒久。冬宫里收藏的这顶王冠，永久地成为了钻石宝库中的顶级纪念性珍品。

3 俄罗斯名钻知多少

16世纪末叶，罗瑞克王朝被罗曼诺夫王朝取而代之，统治俄国272年，前后经历了22个国王，其中有9位是女王。而女王比男性国王更珍爱珍宝，尤其在彼得大帝到叶卡捷琳娜二世统治俄国的78年中，不仅国力最为强盛，而且还引进了欧洲文化，从

而大大促进了俄国的发展。经过几代王室不停地收集，俄国的钻石库可谓光芒四射，成为了珍贵钻石最集中的地方。在世界上前10位名钻、巨钻当中，俄国的钻石库就占了三分之一，如世界名钻"保罗一世"（130.35克拉）、"沙皇"（88.70克拉）和"波斯沙皇"（99.52克拉）等，而最著名的巨钻则是"奥尔洛夫"（189.62克拉）。

奥尔洛夫钻石（189.62克拉），洁净无瑕，并略带一点点淡蓝绿色，有几个极小极小的包裹体，实属罕见

"奥尔洛夫"洁净无瑕，略带一点淡淡的蓝绿色，非常罕见，是目前世界上第三大钻石。"奥尔洛夫"的外形并不十分规则，高22毫米，宽32毫米，长35毫米。这颗美妙绝伦的名钻是17世纪初在印度戈尔孔达的富矿中找到的，原石最初的重量近400克拉。印度国王非常喜爱她。

根据他的旨意，由钻石加工专家戈尔将其加工成有4层花瓣的玫瑰；钻石的顶部，还镌切成平形玫瑰花图案。起初，这颗珍贵无瑕的钻石按国王沙赫哲汗的旨意，被镶嵌在印度塞林枷神庙中作为一尊神像的眼珠。1739年波斯国王纳吉尔东征，攻占了德里，取走了作为神像眼珠的钻石，并将这颗名钻镶嵌在自己的宝座上，取名"光之海"。以后，此钻屡遭盗窃，几经转手。最后，在1773年以40万卢布的天价落入俄国奥尔洛夫伯爵手中，奥尔洛夫随即非常慷慨地将其作为礼物奉献给了凯瑟琳二世。嗣后，这颗钻石被焊接进一只镂雕的纯净白银底座里，并镶嵌在象征着俄罗斯最高权力的权杖顶端。如今，被世界称之为第三大钻石的"奥尔洛夫"已成为俄罗斯钻石库中的顶级藏品之一。

六

品味珍珠

在宝石中，珍珠像钻石一样被列为名贵宝石，成为世界性的珠宝。古往今来，珍珠之所以被全球女性所钟爱，是因为她所独有的晶莹凝重、玲珑雅致和纯洁高贵的品质所确立的。人们把珍珠称为宝石皇后而与红宝石、蓝宝石、祖母绿、翡翠以及钻石一起被誉为"五皇一后"。

珍珠（Pearl），源于拉丁语"Pemnla"，其含意是海之骄子。从古至今，人类对珍珠的认识有着许多令人难忘的记载。在世界各国的许多典籍中，就载有大量的有关珍珠的故事；对珍珠的开发利用，同样具有深厚的文化内涵和十分悠久的历史。

珍珠胸花

早在新石器时代，当原始人类来到水边寻找食物的时候，他们通过品尝鲜美的河蚌而发现了珍珠。根据故宫博物院的专家考证，大约在5 000年前，古代的埃及人、波斯人、印度人等都十分喜爱珍珠，他们将深藏在蚌壳内色泽艳美的珍珠，取出后不经任何加工就作为饰物。古代印度对珍珠的利用已十分普遍，他们按照纳瓦拉特那风格所制作的金银指环以及其他装饰用品，就镶有许多光彩夺目的珍珠。古代东方人通过对珍珠的认识、利用及开发，创造和演绎了珍珠文化。在我国的典籍《书经·禹贡篇》中记载："徐州厥贡淮夷蒲宝珠"，意为：徐州厥朝贡的珍珠，都是从淮河、夷水中生产的名贵的蚌珠；在《史记·春申君列传》中记载："客有三千，上客皆珠履"，意为：在我国战国时代，君子门下的众多食客中被列为上宾的人，他们的鞋子上都镶满了珍珠；唐朝王昌龄在《西宫春怨》中写道："西宫夜静百花香，欲卷珠帘春恨长"；在《西宫秋怨》中写道："芙蓉不见美人妆，水殿风来珠翠香"，诗中对珍珠都有着生动的描绘。实用的珠帘和饰用的珠翠（珍珠首饰），以及当时男男女女都喜欢竞相攀比各自佩戴的珍珠，妇女们则往往佩戴着珍珠入睡，甚至在寝室内及衣着上都闪耀着珍珠的珠光宝气，可见当时珍珠已被视为最受欢迎的珍宝之一。

西方人也喜欢珍珠。亚历山大东征以后，珍珠才从东方传到古罗马和古希腊爱琴海地区，他们从东方带回了大量的珍珠。此时珍珠风靡整个欧洲，罗马时期珍珠特别受到绅士和淑女们的珍爱，在数百年中，欧洲许多国家的王室、贵族、妇女们都盛行将珍珠作为个人饰物。除首饰外，衣饰、帽饰、床椅，甚至马具都镶嵌了珍珠，以求华丽。他们以拥有美丽的珍珠为时尚，这种时尚大致维持了数个世纪，这段时期形成了所谓"珍珠时代"。英国女王伊丽莎白一世和凯瑟琳·德·麦迪斯就非常喜爱珍珠，而我国清朝慈禧太后，在吃、穿、用、玩、施行政务中都离不开珍珠。慈禧常在施行政务时手握一颗硕大的珍珠，其大如鸡蛋，重128克，据传是乾隆二十年由波斯国王子献上的稀世珍宝。所以，珍珠不仅常被帝王贵族用作财富和权势的象征，还被当作他们地位神圣和家族荣耀的标志。

在珍珠尚未进行人工养殖之前，天然珍珠毕竟是有限的，更何况一些上等的、富有美丽光泽、浑圆精巧、洁白清丽、颗粒圆润的珍珠，是可遇而不可求的，从而形成了代表一个历史时期的所谓"珍珠时代"。这个珍珠时代虽然持续了很长一段时期，但有限的天然珍珠并不能无限制地普及。当王族与庶民争宠时，唯一的方法就是禁止民众佩戴珍珠或拥有珍珠，以此来体现珍珠的稀有。

镶满珍珠和各种宝石的中古未期的工艺品

珠宝玉石 鉴赏与收藏 | 贰 宝石的故事

宝石饰物，金地珐琅制成，并镶嵌有异形珍珠、钻石、红宝石、蓝宝石、紫水晶和绿松石，高16厘米，巴洛克风格，16世纪意大利作品

《大戴礼记·劝学》中记载："珠者，阴之阳也，故月生火；玉者，阳之阴也，故月生水，其他如神。故天子藏珠玉，诸侯藏金石，大夫藏犬马，百姓藏布帛，不然，则强者能守之，知者能秉之，贱其所贵，而贵其所贱；不然，矜寡孤独不得。"意为：珠和玉都是世间最珍贵之物，只有君王天子才能收藏拥有；诸侯只能拥有金石，而士大夫只能拥有犬马（牲畜），老百姓只能拥有布帛等丝织品，否则就会贵贱不争，等级消失。世界上许多国家为提高珍珠身价，都禁止民众佩戴珍珠。如1612年德国南部的萨克森（Saxony）和1830年波兰的安格斯堡（Augsburg）都颁布有这种禁令；我国清朝也同样有过这种禁令。

七

诗与画凝结而成的孔雀石

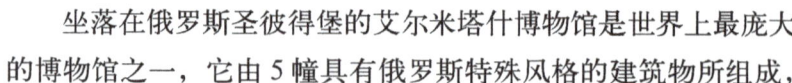

坐落在俄罗斯圣彼得堡的艾尔米塔什博物馆是世界上最庞大的博物馆之一，它由5幢具有俄罗斯特殊风格的建筑物所组成，

即：冬宫、小艾尔米塔什、旧艾尔米塔什、新艾尔米塔什以及艾尔米塔什剧院。在艾尔米塔什博物馆的 400 余个专题陈列室中有着大量珍藏。其中，宝石和由宝石制成的精致工艺品是最能引发参观者兴趣的造型艺术。如由孔雀石、青金石、碧玉及其他珍贵玉石所制成的大型工艺宝石，大多出自彼得戈夫、乌拉尔、阿尔泰等地，件件都是造型典雅、雍容华贵、雕饰精巧的不朽名作。

艾尔米塔什博物馆的冬宫以及其他建筑物本身就是非常出色的艺术作品：壮丽的大阶梯，豪华的大厅，优雅的女皇寝宫，华丽的宴会厅等，都令人感受到罗曼诺夫王朝的荣华与尊贵。而艾尔米塔什博物馆中以孔雀石为材料装饰成的孔雀石厅则更加令人神往。

隔着涅瓦河，与艾尔米塔什博物馆遥遥相对的彼得·保罗要塞
是圣彼得堡城的发祥地

孔雀石是一种含铜的碳酸盐矿物，属十分典雅的珍材。如果沿着钟乳状孔雀石的横断面切开，就会显露出如同孔雀羽毛状的翠绿色，并呈同心层状的奇特的天然图案，其色翠绿至暗绿，条痕淡绿色十分美丽。1830 年，在乌拉尔地区发现了孔雀石矿床，圣彼得堡沙皇冬宫二楼的孔雀石厅，就是用这种孔雀石来装饰的。由俄国建筑师布留罗夫设计、于 1839 年竣工的孔雀石厅，厅内

俄罗斯艾尔米塔什宫内的孔雀石厅，两边阶梯终端正中，立置了一个碧绿的孔雀石大花瓶

所有的圆柱、壁柱、壁炉、大烛台、圆桌、茶几、花瓶、首饰盒、镜框以及各种工艺饰品等，均以这种孔雀石加以镶嵌制作而成，整个大厅使用的孔雀石竟达 2 178.54 千克。

孔雀石是黄铜矿等铜硫化物在地表或近地表氧化后所产生的硫酸铜溶液与碳酸盐发生作用后的产物，常形成于硫化铜矿床的地表部分，而且常与蓝铜矿共生。

在我国，孔雀石自古以来就用于制造一些绿色颜料，因而有"石绿"之称。在富集量比较大时，可作为炼铜的矿物原料开采。

产于中国广东的孔雀石（Malachite，2厘米），同心状

在俄罗斯乌拉尔地区发现的孔雀石，是质纯、色美的孔雀石珍材，冬宫中孔雀石厅悦目的翠绿配上天花板的图案、门、圆柱台座和镜框上的金黄色泽，极为明快华丽，是孔雀石材使用上的典范。

孔雀石厅内的华丽烛台也是由孔雀石和黄金刻镂而成的,每逢举办盛大典礼时才点亮,平时只是摆件饰品

珠宝 玉石 鉴赏与收藏 | 贰 宝石的故事

孔雀石厅中壁炉、圆桌、桌上饰品、小柜、墙柱、烛台和三脚高架支撑的花瓶，都是用孔雀石制成的

八

葛拉德——英国王室御用珠宝店

曾经拥有日不落帝国之称的英国，由于曾在世界上雄霸一时，便搜罗了世界各地的稀世珍宝。直至今日，在各个盛大场合中，王室成员所穿戴的华美饰物，仍为众人所羡慕。但在这些熠熠生辉的王室珠宝背后，却有个恪尽职守的守护神——葛拉德。

葛拉德身为王室御用珠宝店，成立至今已有250年的历史，其精湛的工艺和独到的设计使之与英国王室结下了不解之缘。今天，当我们再次光顾这家名店时，往日王室的风光和贵族的气派仍会如潮水一般涌来……

其实，葛拉德的创始人并不叫葛拉德，而是一个名叫乔治·魏克的首饰匠。魏克出生于一个平凡、穷苦的家庭中，由于家庭贫寒，年纪很小的魏克就跑到伦敦去谋生活，学习金工。魏克虽然年纪小，但他不怕辛苦，卖力地跟从了不少师傅，其中不乏当时有名的艺匠。7年之后，魏克已经学会了各种金工技巧，他手艺精纯地道，比起老师傅们也毫不逊色。

又经过了几年的努力，魏克终于在1735年得偿夙愿，独力开起了一家金银饰品店。由于手艺好，对产品要求严，开店不久就声名远播，他的产品也行销全国各地。至今在英国仍能找到不少刻有"魏克"戳记的金银器，包括咖啡壶、蜡烛台、整套银质餐具等，或大或小、是简是繁，都精美之极。

一对167厘米高的镀金大瓶饰，由葛拉德的Donala Chaffin设计，灵感来自中国瓷器，饰瓶表面花纹描述的是水面上下的有趣情景

1845年由罗勃·葛拉德负责设计打造的烛台桌饰，银胎镀金，高71厘米，正中央雕像是神话中掌管农业收获的女神

魏克的时代，欧洲的上流社会对金银器具及饰品是非常重视的，需求量也很大。伦敦的王公贵族们都知道：买上品，找魏克。魏克有本《名人账簿》流传至今，上面详细记载着他的主顾购买或定做饰物的时间、种类、价钱等事项。而这些主顾几乎全是达

官显贵、公爵、亲王、主教。一次，店里来了一位穿着高贵的男子，他正是身份尊贵、最好奢华排场的威尔斯王子——菲德列克。王子十分喜爱葛拉德的首饰，从此开始在魏克的账簿上留下了他的购买记录。有一阵子，王子被掌权的英王赶到荒凉的乡下，魏克的账簿上也留下了"王子欠债未还"的字样。后来，王子又回到了旧居，还是经常光顾魏克的生意，并特许魏克在他的店招上使用威尔斯王子的王室标记。那是三枚环绕王冠的丰满羽毛，这个记号至今仍为葛拉德商标上三个王室标志之一（另外两个分别为当今伊丽莎白二世及其母后所拥有的标志）。

1780年，一名年轻的金匠罗勃·葛拉德成了首饰店里的学徒。年轻的葛拉德精明能干，他随着首饰店一起成长。1792年时，他加入了该店的权力核心，并于1802年接下了整个生意。自此，葛拉德迎来了它真正的主人和随之而来的辉煌时代。

16年后，罗勃·葛拉德将生意传给了他的三个儿子，三兄弟抱着初生牛犊不畏虎的决心，全力打拼，将自己的店变成了伦敦西区最大最好的金银饰品店。到了维多利亚女王掌权时，葛拉德对王室的服务已经非常频繁了。女王本人穿戴的首饰和犒赏王族或大臣们的珠宝，经常是委托葛拉德来打制。1843年，女王正式将葛拉德定名为王室御用珠宝店。

葛拉德作为王室御用珠宝店，为几代王室成员都提供过服务，为他们设计并制作了王冠、首饰以及王室各种婚、丧、喜庆典礼中所用的金银珠宝用具。镶有名钻"光芒之山"的亚历山黛拉王后的后冠，国王乔治五世遗体所佩戴的王冠、查尔斯王子送给黛妃的蓝宝石

1843年，英国维多利亚女王正式将葛拉德定为王室御用珠宝饰品店

1986年，重新装修过的葛拉德店不仅具有王室的感觉，而且也欢迎平民顾客光临

戒指等，均出自葛拉德之手。

　　1850年，名钻"光芒之山"来到英国，引起了整个英国的骚动，人人都很好奇，想见识一下这件充满了传奇色彩的宝贝。然而"光芒之山"在万国博览会的展出，却不如预期的讨好。许多人都觉得它不过是块大石头，根本没有什么"惊艳"的光彩。这些批评传到了女王与王子耳朵里，女王为此快快不乐。王子当即决定要重新切割"光芒之山"，使她放射出名副其实的光芒。

　　这件棘手的工作，自然落到了王室御用珠宝店的头上。葛拉德特别从荷兰阿姆斯特丹请来了切割钻石的专家，经过2个月辛苦努力，才完成了整项工作。原来191克拉重的大钻石被切成了109克拉，"光芒之山"被镶嵌在了亚历山黛拉王后的后冠上。

　　继"光芒之山"后，1908年，英国王室又委托葛拉德收进名钻"库里南"，并于1911年将"库里南1号"、"库里南2号"分别镶嵌在国王乔治五世的权杖和王冠上。

　　物换星移，时光流转，葛拉德历经了王室人物的更迭，本身也发生了很多变化，店址几经迁移。1946年，在没有子嗣的掌门人赛巴斯钦过世后，生意也转到他人名下。虽然葛拉德这个荣耀的名字保留了下来，但从此店中却再没有葛拉德家族中的人

历史悠久的老店为英国王室定制的王冠

了。1952年,葛拉德与另一家颇负盛名的"金银匠"首饰店合并,并将店面迁到了"金银匠"所在的REGENT街112号。

1986年,葛拉德重新翻修店面,变得更加富丽堂皇。然而葛拉德的客人却不再只局限于王室中人。1989年,葛拉德创造出了一个新品牌——"葛拉德112"。这个新品牌虽然强调王室水准,以古典经验为基础,但将消费群体定位于平民,将现代化的设计与实用定为自己的目标。

每年的2月间,正值寒风刺骨、游人稀少的时候,伦敦塔里的王室珠宝就会停展一段时间。此时,一组由葛拉德派出的珠宝饰物专家和金工师傅们,会在王室卫队的陪同下进入古堡,打开老旧的展柜,对每一件王室珍宝仔细地检视、清洗、维修和保养。纵使这些珍宝已经陈旧,纵使王室已逐渐没落,纵使王子公主难成神仙眷属,年复一年,葛拉德都小心翼翼地做着这项需要专门知识、特别技巧的工作,从不疏忽、怠慢。

走过历史的葛拉德,其尊重历史、效忠王室的敬业精神将永不改变。

九 "希望"之钻的故事

古人常惊叹于钻石神奇的光辉,故赋予她特别的象征意义。钻石也一直是人们梦寐以求的大自然的珍宝,被认为是宝石之王。世界上没有其他任何一种含碳物质如钻石这般晶莹剔透,纯净无瑕;她夺目的光彩,无愧于自然之瑰宝的美誉。就像步入婚姻殿堂的新人,当钻戒在她们手指上闪闪发光时,钻石和甜蜜的爱情故事总是联系在一起的。可是,作为顶级宝石的钻石,还有她的另一面。撩起时间织成的淡淡的轻纱,便可阅读到一些钻石的另类故事……

"希望"之钻,就是这样一颗身负神秘色彩的钻石,她是一颗带有鲜艳深蓝色的透明钻石,为目前世界上大粒钻石中最具有神奇色彩的宝石。

1642年的法国,年仅5岁的路易十四即位,国家大权由首相马扎然掌握。就在这个时期,法国有个被后人称为"钻石之父"的著名探险家兼珠宝商塔维密尔,他曾六次往返于印度与欧洲的各国王室之间从事钻石生意,从而推动了钻石业的发展。有一次他在印度西南部得到了一颗重112克拉的大金刚石,并随即带回了法国。

1661年3月,马扎然首相去世,路易十四亲政。塔维密尔为得到路易十四的信宠，把在印度得到的这颗宝石献给了路易十四。此后，塔维密尔便被封了官爵，并得了可观的赏金。但噩运也开始降临到每个接触过这颗宝石的人身上。

1642年，年仅5岁的路易十四即位；1661年，路易十四亲政，法国专制主义进入鼎盛时期。他事必躬亲，称"朕即国家、法出于我"，以此维持国家政治、经济和社会生活的秩序

塔维密尔是第一个接触过这颗钻石的人，路易十四赏给他的财产被他的儿子挥霍一空。此时，年届85岁的塔维密尔已穷得身无分文，潦倒不堪，不得不冒着高龄的风险，再赴印度寻宝。可是，新的财宝没有找到，塔维密尔却被野狗咬死于荒郊。

1714年，路易十四将这颗蓝色宝石琢磨成69.03克拉的钻石，可就是这颗令其爱不释手的钻石，路易十四仅戴了一次就患上了当时的流行病——天花而死去。

1715年，路易十四去世，他的曾孙，年仅5岁的路易十五继承王位

1715年，路易十四的曾孙，年仅5岁的路易十五继承王位。成年后的路易十五很喜欢这颗蓝色的钻石，但就是不敢自己留着戴，便暗地里赠给了他的情妇。结果，他的情妇在法国大革命中被砍了头，路易十五也在民众的怨声载道中死去。

1755年，路易十五的孙子路易十六即位。当路易十六得到此钻石后，他的王后奥地利公主玛丽·安托瓦内特爱不释手，经常佩戴。1793年1月21日星期日上午10时，在军鼓和"国民万岁"的欢呼声中，接触过此钻石的路易十六被送上了设置在广场（今协和广场）上的断头台，他的妻子玛丽·安托瓦内特王后也没有逃脱上断头台的噩运。

路易十六国王和王后死后，这颗钻石又落到王后的女友兰伯娜公主手中。这颗蓝色钻石，人见人爱，谁都喜欢，可是接触过这颗钻石的她同样也在法国大革命中被杀于塞纳河畔。

路易十六死后，这颗蓝色的钻石归入法兰西国库。1792年，这颗钻石在法兰西国库被盗，并被精心琢磨成45.52克拉的钻石。经过一段时间的"销声匿迹"，又于40年后出现于英国的伦敦珠宝市场。此时，有个叫霍普（Hope）的银行家以18 000英镑将此钻买去。从此，这颗钻石便更名为"霍普"。"Hope"为希望之意，所以世人也称之为"希望"钻石。

即将走上断头台的路易十六的妻子玛丽·安托瓦内特王后

霍普是一名单身汉，从未成家，因此"希望"钻石传给了他的外甥，为了得到这颗"希望"钻石，外甥也归姓于霍普，这位小霍普娶了个叫雅茜的美国演员为妻。得到这颗钻石的小霍普，此后家境破败，妻子雅茜与他离婚后不久便死于波士顿的家中。小霍普晚年同样穷困潦倒，这时他已意识到这颗蓝色钻石给他带来的厄运，但为时已晚。1906年，小霍普为了还债，痛下决心，卖掉了这颗钻石，以后的两年，这颗蓝钻辗转于民间。

1908年，土耳其苏丹花了近40万美金买下了这颗蓝色的"希望"钻石。在接触这颗钻石时，经纪人喜出望外，便举家驱车外出。可是，由于汽车失控，中途直落崖底，造成满门皆殁。此后，苏丹又将蓝钻犒赏给他的亲信左辟特，但不久，左辟特亦被苏丹处死。

1911年，美国一位在华府负责邮政的名叫麦克兰的官员，以114 000美金买下了"希望"钻石，并将其作为礼物赠送给妻子。他的妻子在接到此礼之前，许多人曾告诫她，这颗钻石会给人带来厄运，并列举了许多史实。可是，麦克兰夫人对此不屑一顾，一笑了之，甚至经常在盛宴和公众场合佩戴"希望"钻石。有时还配上另一颗重94.8克拉的名钻"东方之星"，以显示其自身的高贵。可是，就在她佩戴蓝钻后的2年中，她的爱子在一次车祸中丧生；她的爱女因服药过量而死去；不久麦克兰也相继死去。厄运笼罩，又造成了一个豪门的消亡。

后来，这颗蓝宝石又流落到民间，不久被一个慧眼识珠的钻石商分割并琢磨成人们在影片《泰坦尼克号》里所见的心形钻石，就是那颗见证了巨轮泰坦尼克号整个沉没过程的心形钻石——"海洋之星"。

1947年，麦克兰夫人去世，美国著名的大珠宝商温斯顿为了搜集齐"希望家族"的全部钻石，于1958年买下了麦克兰夫人遗留下的全部珠宝。此时，大概是厄运已全部结束了，温斯顿携带着由蓝色"希望"钻石琢磨成的"海洋之星"多次在大西洋两岸飞行均平安无事。后来，他将蓝钻"海洋之星"捐献给国家，现放置于美国斯密生博物馆宝石馆的特制玻璃观赏箱内，这具玻璃箱的厚度超过2.5厘米。尽管这样的厚度会影响钻石的观赏魅力，但观众仍能目睹这颗历史名钻的迷人光彩。"希望"钻石是无瑕的天然蓝钻石，属于钻石的ⅡB型。由于碳原子结构内部有极微量的硼元素杂质，从而引起导电性能和对可见光谱中红光的吸收，而使颜色变蓝。"希望"钻石的曲折离奇故事和她的轶事也随着温斯顿将她赠送给美国斯密生博物馆而暂告段落。

十

幸福绚丽的诞生石

诞生石的起源，可以上溯到《圣经》。从16世纪开始便有人把不同的宝石与一年12个月相配，当作每个人出生月份的标志。这种代表每个月的宝石被称为诞生石，以此让在一年中某个月出生的人，都拥有一种专属自己的宝石。人们相信，将属于你出生那个月的宝石戴在身上，可以得到幸运，并且还可以从她那里得到庇护和帮助。此后，这种习俗便蔚然成风。至20世纪，诞生石更是风靡世界各国，不少人不但自己购置，而且还想方设法为自己的儿女们购置吉祥之物——诞生石，希望能给他们带来福祉和平安。由于各国民族文化传统习俗的不同，各国使用诞生石的情形也有所不同。常见的各种诞生石，往往被镶嵌在戒指、手镯、项链、耳环或袖扣等饰物上，使人们可以从中得到更好的期待和追求。

以下是美国首饰工业协会和美国宝石进口协会在1952年通过的、目前世界上比较流行的诞生石名称和象征意义。

1 元月的诞生石
—— 石榴子石：象征忠实、永恒、真诚

铁镁铝榴石（Rhodolite），是镁铝—铁铝榴石系列中处于中间状态的成员，因呈粉红色或带粉红色调，故又被称为红石榴子石

石榴子石（Garnet）的晶体呈十二面体，状如石榴子，因而得名，中国市场上亦称为"紫牙乌"。石榴子石是全世界最大众化的宝石品类，是一种很好的红宝石替代品。红色的石榴子石，颗粒大而价廉，正可与红宝石的体量小而价格昂贵相弥补。石榴子石所呈现的颜色因其所含成分而异，有深红、暗红、黄褐、黄绿等色。石榴子石中还有一种绿色石榴子石，名为"沙弗石"（Tsavorite），十分美丽也极为珍贵，身价不低。常见的红石榴子石最为大众所喜爱，人们以传统习俗认为其有强

大的魔力，能避邪、护身和防治恶性瘟疫。

　　石榴子石虽不是身价很高的宝石，但古代的埃及人、爱琴海边的古希腊人以及中亚一带的叙利亚和美索不达米亚的巴比伦人，常会将其串成串珠状戴在头颈上、手腕上，甚至还用来装饰王冠或项链。今天，石榴子石已成为全世界广大民众所喜爱的红宝石替代品。

2 二月的诞生石
—— 紫水晶：象征幸运、机灵、健康

　　紫水晶（Amethyst）含有多种深浅不同的紫色而受到人们的喜爱。紫色鲜艳秀丽，代表着心地善良、纯洁而富有诗意。日本就以紫色为贵，西方人则因紫色的纯净、爽朗而喜欢佩戴紫水晶，紫水晶在希腊文中是"不醉酒"的意思。在色彩学上红色在第8级，蓝色在第9级，红加蓝而成的紫色则位于第10级。紫水晶还是紫色中被人们认为的"神圣之色"，是天神与凡人相结合的高贵颜色。也许就是根据这种传统，人们佩戴镶有紫水晶的戒指、耳坠、项链等饰物，用以代表着善良、文静、纯洁和真诚。

　　紫水晶紫色的形成，是由于紫水晶中含有锰元素的缘故。巴西是世界上紫水晶的主要产地，我国的广西、江苏以及韩国、俄罗斯都有质量较好的紫水晶产出。巴西紫水晶经过热处理能变成金黄色或绿色。经过

产于巴西的紫水晶（Amethyst，10厘米）晶簇

热处理后的金黄色和绿色固然很漂亮，但人们还是喜爱天然的紫水晶，因为她不但美丽、漂亮，而且还可以给人带来吉祥和幸运。

3 三月的诞生石
—— 海蓝宝石：象征幸福、洞察、青春常在

产于中国云南的海蓝宝石（Aquamarine，六方柱状，高9厘米）

海蓝宝石是一种由含铍硅酸铝构成的宝石，是绿柱石(Beryl)族系中较名贵的一种，古人喜欢把她与蔚蓝的海洋联系在一起。传说在埃及托密勒王朝时代，塞拉比斯神被认为是由埃及的奥塞里斯神与希腊的波赛冬神合二为一的神祇。她反映了文化的融合，并能护佑埃及人用海蓝宝石这种绿中带蓝的宝石来祈求水上的神灵，并给人们带来热情、无畏、沉着和聪明，也象征大自然在每年春天的瑰丽和希望。所以，人们便把海蓝宝石选作代表春天的三月份的诞生石。

1910年巴西曾发现一颗重达110.2千克的海蓝宝石晶体，后来又被切割成若干规格的小块，成为当时世界宝石市场上海蓝宝石的唯一来源。

绿柱石族系中最上品的，而且领衔世纪流行风韵的应该首推祖母绿(Emerald)，而海蓝宝石和祖母绿一样，也是宝石世界中最为显贵的一族。绿柱石族系中有名的品种有：海蓝宝石(Aquamarine)，一种淡蓝带绿的宝石；铯绿柱石(Morganite)，一种粉红或粉红带蓝的宝石（摩根石）；金黄绿柱石(Golden beryl)，一种金黄或棕色宝石；白绿柱石(Goshenite)，一种清

澈如水的宝石；绿色绿柱石(Green beryl)，一种六方柱状结晶，为铍铝硅酸盐，绿柱石原本无色透明，因含铁元素，所以变成绿色绿柱石。在绿柱石的族系中，许多珍贵宝石由于色彩鲜艳美观、晶莹透明以及有着很大的硬度而成为珍贵的宝石。

4 四月的诞生石
—— 钻石：象征着幸福、勇敢、健康

钻石(Diamond)是宝石之王。钻石一词的英文源自于法文"diamant"，文法则由拉丁文及希腊文"Adamas"（意为不能征服）衍生而来。古时人们因惊叹于钻石无比神奇的光辉，而赋予了她许多神奇的传说和特别的含义，所以深受人们崇拜；古希腊人则相信钻石是天上熠熠闪光的星星，神秘而有魔力。古罗马人将钻石视为男女婚盟誓约的信物，用来寄予自然界天造地设的两颗心演绎着心心相印、瓜蒂绵绵，使紧紧依靠在一起的两颗心任凭何种外部力量都无法分离；同时，钻石又象征着纯洁爱情的

哥依罗（Koh-I-Noor，108.93克拉），这是一颗发现于印度的巨型钻石，东印度公司于购得此石后的第二年，将其赠给了维多利亚女王；经重新切磨后镶嵌在王冠上，现陈列于伦敦塔博物馆

季节之星（Star of the season，101.10克拉），这颗钻石在1995年的拍卖会上创下了钻石成交最昂贵的记录

永恒与持久。

钻石是顶级宝石，纯洁透明，像情人炯炯有神的眼睛，含情脉脉地注视着你。世界上没有其他物质能像钻石一般稀有、珍贵、坚硬和富有魅力，并以其永恒不变、神秘莫测、超凡脱俗的属性比喻并标志着顶级的事业和顶级的成就。所以，钻石一直被人们誉为宝石之王，也被人们选为四月的诞生石。

5 五月的诞生石
—— 祖母绿：象征着忠实、美好、爱情

美丽而名贵的祖母绿(Emerald)源自希腊文"Smaragdos"，是绿色石头的意思。祖母绿以其浓艳欲滴的绿色，被人们视为挚爱和生命的标志，并代表着明媚的春天，充满着盎然的生机。也许正因为她的美丽和名贵，人们才把她作为宝石献给希腊神话中代表爱与美的女神维纳斯。所以，祖母绿又有成功和保障爱情的内涵。

传说2 000多年以前，埃及女王克利奥普特拉，不仅经常佩戴祖母绿首饰来炫耀自己的美丽、财富和权力，而且还拥有以自己名字命名的祖母绿矿山。古罗马暴君尼罗曾用祖母绿磨成镜片，制作成太阳镜，欣赏在烈日下勇士们格斗的场景。在基督教的传说中，耶稣在最后的晚餐时所使用的圣杯，就是用祖母绿原石制作而成的，这盏杯子还曾收藏在美

钻石、祖母绿饰品（11.04克拉）

国格拉斯东贝利教堂中。所以，祖母绿也是最被皇家贵族珍藏的宝石之一。

在绿玉族系中，包含了若干名贵的宝石，其中尤以祖母绿和海蓝宝石两种为宝石世界中最显要的成员，它们同属绿柱石族，是一类很贵重的宝石。世界上有不少国家出产祖母绿，如俄罗斯乌拉尔矿区的祖母绿呈黄绿色，略有瑕疵，颜色略淡；巴西的祖母绿通常净度高，近乎无瑕；产于东欧罗德西亚的祖母绿是在当地伟晶岩的片岩中以祖母绿名义出现在市场的，深绿色，色彩精美；哥伦比亚祖母绿是品质相当澄明的纯绿，略微带黄或略微带蓝绿色，其中以Muzo矿出产者色彩最为优美，哥伦比亚祖母绿产量几乎占世界总产量的90%。

祖母绿吊坠（3.3厘米×3.2厘米×2.5厘米，157克拉）、钻石（7.3克拉）、18K金镶嵌

祖母绿确有一种不同于其他宝石的神秘色彩，没有比她更青翠碧绿的东西了。对喜爱祖母绿的人来说，除象征大自然在每年春天里所呈现出旺盛的生命及希望外，最吸引人的就是她那闪耀着高贵、珍稀和庄严的生命之美的绿色了。所以，这种可爱的绿宝，被选为五月份的诞生石。

6 六月的诞生石
—— 珍珠：象征着安宁、高贵、美丽

在珠宝玉石中，人们常把"珠"放在首位。她像钻石一样，从皇室到民众无不喜爱，更为全球女性所钟爱，今天她已成为世

界性的珠宝了。

据考证，在5 000多年之前，古代埃及人就知道将珍珠(Pearl)视为珍宝；中国在距今4 000多年之前的遗迹中，也发现了珍珠；古代印度在3 000多年之前就将珍珠与其他名贵的玉石视为同等；罗马帝国远征埃及、中东以后，则从东方带回了大批的珍珠。从此，珍珠风靡了整个欧洲，从皇室到贵族、从绅士到淑女都把珍珠看作是最珍贵的宝石之一。贵族们都喜欢选用珍珠作为装饰品，除首饰外还将珍珠作为帽饰、袖饰、衣饰以及灯饰和床饰，甚至扩展到许多工艺品和日用品，以显其华贵。16世纪英国女王伊丽莎白一世更对珍珠情有独钟，她在金碧辉煌的皇宫内与大臣欢聚时，遍身五光十色，珠光宝气，足见其对珍珠喜爱之程度。十字军东征之后，欧洲人喜爱珍珠之风尚也维持了好几个世纪，人人以拥有美珠为荣耀，人们将这段时期称之为"珍珠时代"。

海水养殖珍珠戒指

世界上许多著名的海域及河川大多出产珍珠，如太平洋上的塔希提岛的珍珠、美国密西西比河的珍珠、日本的珍珠、澳大利亚的南洋珠，委内瑞拉的珍珠、墨西哥湾的巴拿马珍珠以及中国的东珠、南珠和北珠都很著名。尤其是中国的南珠（即合浦珍珠），更是闻名遐迩。"珠还合浦"的成语典故，也就由此而来。合浦珍珠具有粒粒圆润，颗颗完整的超级质量，其身价数倍于日本珍珠，故在国际市场上久享盛名。

名贵的珍珠无须加工，就能发出耀眼的光彩。珍珠的颜色很多，比较常见的有乳白色、奶油色、嫩黄色、粉红色、银光色和黑铁色等，另有一种粉红玫瑰色又混合奶油色的珍珠则为欧美人

珍珠项链（每颗珍珠直径约 6.1 毫米）

士所喜爱。在我国，被人称之为"孩儿面"或"美人醉"，具有胭脂般娇艳色彩的珍珠更是十分的名贵。此外，银灰色的珍珠——"银光皮"也是名贵品种。

珍珠是皇室、绅士、贵妇和淑女最爱的宝石之一，她象征着华贵、富丽、健康与长寿，人们历来认为珍珠可以和宝石同义同值、并列媲美，所以人们把她定为六月的诞生石。

7 七月的诞生石
—— 红宝石：象征着爱情、热情、力量

红宝石(Ruby)的价值在有色宝石中，可以与"白色系统"的钻石相媲美。红宝石与蓝宝石是同一种矿物，她们都是刚玉(Corundum)族系的一种，而且是这一族系的佼佼者。纯净的刚玉是无色透明的，红宝石因含 0.1%～0.3% 的铬而变成各种红色，常见的红宝石有粉红、玫瑰红、紫红、血红直至暗红。红色的宝

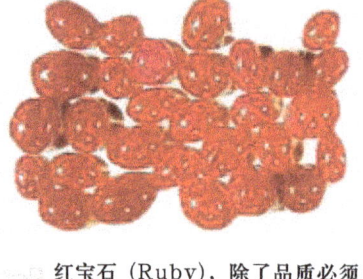

红宝石（Ruby），除了品质必须是刚玉外，对色彩的要求也十分重要，最上品的红宝石色彩是鸽血红，稍次的是牛血红，再次的是法国红及樱桃红

石象征着热情奔放、容光焕发，充满生命的无限原动力。在红宝石中以血红者为佳，最上品的红宝色彩是鸽血红（Pigeons Blood），其次是牛血红，第三则是法国红及樱桃红。红宝石不但是结婚40年的纪念石，也是七月的诞生石。多少世纪以来，红宝石始终被爱好者佩戴或珍藏。

一般人以为，人人喜爱的钻石或祖母绿比红宝石昂贵。可是，一颗重量在10克拉以上的上好的红宝石，其价值往往超过好的钻石和祖母绿一倍以上，尤其大颗粒者，是稀世珍品。在20世纪70年代，国际宝石市场上鸽血红优质红宝石每克拉达31 700美元，优质的红宝石重量达到1.2克拉即为珍品。目前大颗粒红宝石极难得到，这也许是物以稀为贵的缘故吧。红宝石是最高权

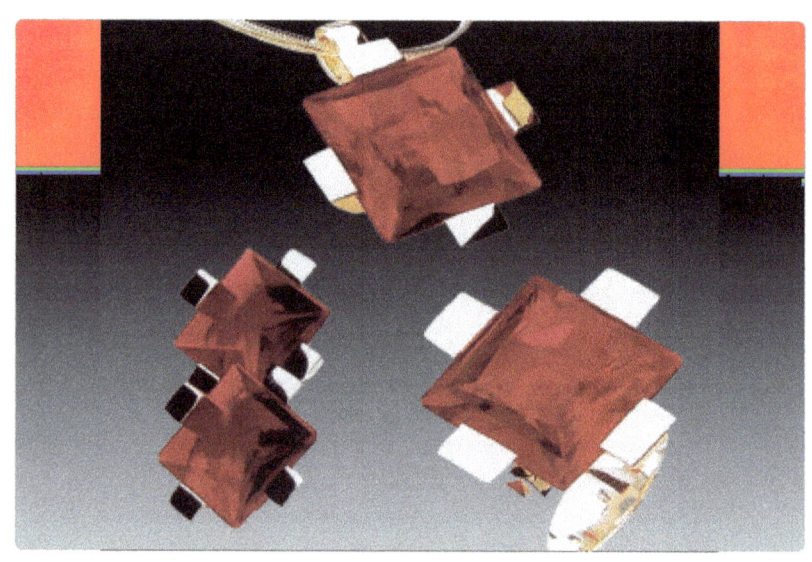

优美典雅的红宝石饰品

威与富裕的象征，古代的国王们都喜欢竞相在王冠上镶嵌红宝石，他们认为戴上红宝石可以为他们带来慈悲、权威和神秘的力量。同时，在欧美地区，人们喜欢将红宝石戴在左手的中指上，可以表明人的天性善良、心态平和，而且可以驱走疑惑，使事业升腾、增添财富，还会给个人的名声和甜蜜的爱情带来美好的远景。

8 八月的诞生石
—— 橄榄石：象征着成功、安宁、好运

橄榄石(Olivine)是一种黄绿色的宝石，因为她的颜色能呈现出黄色的高雅与华贵、淡绿色的希望与期颐，故认为她能够祛除人们对黑夜的恐惧，并赐予佩戴橄榄石的人一种温和的性格与良好的听觉，所以橄榄石是八月的诞生石。

橄榄石（Olivine），为五色、黄绿色、橄榄绿色、绿色至绿黑色，颜色明显地随铁含量的增高而加深，因其色多似橄榄而得名

橄榄石是一种比较柔和的宝石，她的颜色就如同橄榄枝上半熟的青橄榄，这也许是中文译名的缘故吧。自然界中纯的镁橄榄石(Folsterite)和纯的铁橄榄石(Fayahte)比较少见，往往是介于两者之间的橄榄石。

橄榄石的颜色非常丰富，可以分为3级：Peridot级，是一种以绿色为主调略含金黄色的品种，最受人们欢迎；Cnrysolite级，是一种淡黄绿色的品种；Olivine级，是一种棕黄绿色的品种。橄榄石在世界上许多地方都有发现，美国的亚利桑那州、新墨西哥州都有出产。在红海圣约翰岛的原石中，都发现了宝石级的橄榄石材料。不久前，在缅甸的宝石矿床中也发现了橄榄石。橄榄石的硬度为6.5l度,艳丽而又透明的橄榄石晶体特别适合做别针、胸花、垂饰及耳环之类的首饰品。这类饰品较容易彰显出橄榄石所特有的色泽和魅力。

9 九月的诞生石
—— 蓝宝石:象征着安详、真理、心灵高贵

蓝宝石(Sapphire)是一种十分适合镶嵌于首饰的宝石,也是一种为多数人所喜爱的宝石。美丽多姿的蓝宝石属于刚玉族系,刚玉中除了红宝石之外,其他颜色的刚玉都可称为Sapphire。蓝宝石被列为九月份的诞生石,据传是因为戴了她,可以保障人们免于邪恶。英国的传奇影片《新天方夜谭》就讲述了一颗蓝宝石除恶避邪神奇功能的传说。闻名于世的"印度之星"星彩蓝宝石(Starsapphire),重563.35克拉;1948年在澳洲发现的重733克拉的"昆士兰之星"(原石重1156克拉),都是世界上已发现的最大蓝宝石。

18世纪中叶产自圣彼得堡的首饰盒,由金银、大量钻石和珍贵的蓝宝石镶嵌而成

人们向来相信蓝宝石具有坦率诚恳、驱魔避邪的功能,喜欢用来镶嵌皇冠、剑柄和戒指以护身。因此,蓝宝石是所有宝石中价值最高的"王者宝石"。蓝宝石的产地很多,最好的蓝宝石产自克什米尔,其中最佳的品种称为"矢车菊蓝"(Com flower blue),色调明亮淡雅,有法兰绒的质感,并且蓝中微带紫色;缅甸的蓝宝石多为精美富丽的皇家蓝色;泰国的蓝宝石色彩蓝得深沉,深得女士们的钟爱;斯里兰卡的蓝宝石多呈微浅灰色蓝,故

钻石和蓝宝石制成的项链、戒指及耳坠

相当明亮,非常受白领阶层的喜爱;一般呈中间蓝色或较暗色的蓝宝石,大多产在美国的蒙塔那州,名为"蒙塔那蓝宝石";澳大利亚的蓝宝石常呈深蓝墨水状且透明,细看还会发现暗蓝色羽毛状或有暗紫色出现,其品位极富高贵感,是一种非常适合做首饰的贵重宝石。

10 十月的诞生石
—— 欧泊:象征着纯洁、希望、健康

宝石学上的欧泊(Opal)专指贵蛋白石。欧泊是蛋白石英文名称的译音。欧泊又名"月华石",在香港又有人称之为"闪山云",有的人则称其为"丘比特石"。人们相信她会给俊男倩女带来永恒的爱情,同时认为她是一种希望的象征。上等蛋白石的变彩辉煌灿烂、变化绚丽,应属宝石中最美丽者,传说天上彩虹的七色光谱都被欧泊吸收了,所以人们认为佩戴她可以躲避邪恶的耳目,因而可以得到安乐与幸运、浪漫与永恒。蛋白石——欧泊是一种奇特的宝石,当将其稍转动一个视角,其色彩便发生变化,十分华丽美观。这种现象称为变彩(play of color),其他种类的宝石也有此现象,如拉长石(Labradorite),但效果不如欧泊的好。

火欧泊(Fire opal),以其颜色和像玻璃一样的外观为显著特点,与透明的晶质宝石截然不同,因此没有与之相似的天然宝石

蛋白石的学名为二氧化硅,为硅酸盐沉淀而成,含水分较高,所以在佩戴时要避免阳光的直接照射,以免所含的微量水分蒸发而渐失原有光泽。

蛋白石的种类很多,有20种以上,其中首饰级的蛋白石有:贵蛋白石、普通蛋白石、红色斑纹蛋白石、硅乳蛋白石、

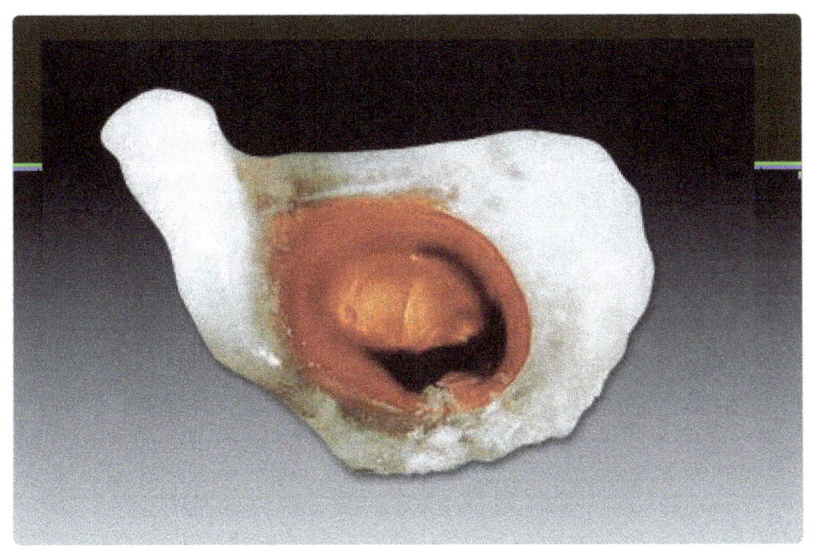

蛋白石（Opal），又称月华石、也称欧泊，是一种奇特的宝石；当前后转动时，其色彩也随着变化，十分美丽。这颗蛋白原石产自美国

蔷薇蛋白石、绿彩蛋白石、铁灰蛋白石、乳蛋白石、苔丝蛋白石、羊脂蛋白石、树脂蛋白石、玻璃蛋白石、琥珀蛋白石、水蛋白石和黑蛋白石。在种类繁多的蛋白石当中，黑蛋白石（Black opal）犹如黑天鹅似的鹤立鸡群而成为蛋白石中的最珍贵者。因为她的漂亮和变彩犹如在黑丝绒背景上而显得特别美丽、抢眼；有的黑蛋白石闪着微微的红光，显得美丽而珍贵。所以，把蛋白石选作代表秋高气爽、安乐与幸运、浪漫与永恒的十月的诞生石。

11 十一月的诞生石
—— 黄玉：象征着智慧、勇气、真诚

黄玉（Topaz）是一种十分瑰丽的宝石，矿物学上应属于软玉类型，是软玉的黄色品种。黄玉是一种广泛受到人们欢迎的宝石，其价值仅略低于蓝宝石。古代欧洲，人们相信戴着黄玉可以健康、

黄玉花瓶

骁勇并富有希望与友情。所以，人们将她誉为友谊之石并列为十一月的诞生石。也有人将黄玉称为黄宝石或托帕石（英文名"Topaz"的译音），这一词语源于红海水域的一个美丽小岛。据说这一小岛古名为托帕岛，终年雾气弥漫，朦胧而饱含诗意。其实，该岛并不出产黄玉，而是出产能做宝石的橄榄石，古人便将其中的黄色品种称为"Topaz"。在宝石界，黄宝石是专指矿物学中黄玉（又叫黄晶）的矿物宝石。

这颗黄玉（Topaz）戒面属于雪利酒色，为金黄色的宝石级黄玉

黄宝石的产地主要来自巴西，美国的得克萨斯州、科罗拉多州、犹他州的新罕普夏等地，还有俄国的乌拉尔，日本，缅甸，斯里兰卡，北爱尔兰等地。一种酒红色的黄玉是黄宝石家族中最受欢迎的品种，原因是此类颜色在其他宝石中很少看到。1976年，在维也纳的自然博物馆中展出的世界上最大的一颗黄色透明、重达117千克的黄玉大晶体，就产自巴西。

12 十二月的诞生石
—— 绿松石：象征着爱情、幸福、好运

绿松石是一种带有深色粉蓝、青绿和粉绿的宝石，又称"土耳其玉"（Turquoise 或 Turkey stone）。虽然名为土耳其玉，但这种青绿色美玉并不产自土耳其。古代波斯和中东地区的西奈半岛的许多蓝宝石和绿宝石都要通过博斯普鲁斯海峡，由土耳其的伊斯坦布尔传入欧洲。因此，欧洲人称之为土耳其玉，有"蓝色宝玉来自东方"的含义。

大约5 000年前，中美洲地区的玛雅人就将这种宝石用来制成装饰品；古代波斯人尤其商贾和年轻的男人，在远行时都喜欢佩戴绿松石，姑娘们喜欢佩戴绿松石则主要是为了能寻觅到理想的另一半，并希望创造一个爱情的结晶。绿松石象征着蔚蓝的大海和碧蓝的天空，这种纯净的蓝和绿也象征着宽广的胸襟，可以鼓舞、调节人们的心情，并使人走运和兴旺。因此，绿松石又被人们当作安全的护身符来使用。

　　绿松石是在国内外都很流行的宝石，美国称其为"知更鸟蛋蓝色"。绿松石之所以偏绿，是因为含有较多的铁元素；而之所以偏蓝，是因为含有较多的铜元素。能称为上品的绿松石，应只含铜而呈纯天蓝色；若既有亮度又接近于半透明，则品质更为上乘。

　　根据记载，在我国殷商时期，十分精美的盛酒器就以绿松石雕刻镶嵌而成。据《吐蕃王朝世袭明鉴》中记述，唐太宗给文成公主的陪嫁十分丰厚，有珍玉、全书玉橱、360卷经典、各种金玉饰物等300余种。其中，仅陪嫁的土耳其石饰物的宝物箱数量就十分惊人。西藏拉萨著名的大昭寺觉康佛像上也是用许多土耳其石装饰的。其实，土耳其石不仅受到世界各国人民普遍喜爱，同样也受到我国各阶层人们的青睐；绿松石还被我国西藏藏民视为本民族的宝石。

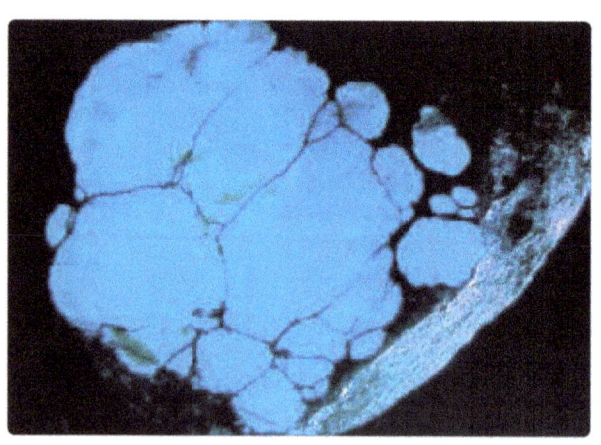

象征着蔚蓝的大海和碧蓝天空的绿松石

叁

贵美宝石

钻石(Diamond)

　　钻石的英文"Diamond"来源于希腊文"Adamad",意思是坚硬得无可匹敌。钻石是已知的硬度最高的物质。金刚石与钻石的区别在于,金刚石是未经琢磨加工过的矿物原石,而钻石则是经过切削琢磨好的成品。

拿破仑的宝剑上镶有一颗名为"摄政王"(The regent,140.50 克拉)的钻石,是无限权力的标志

1 钻石的成分及基本特征

钻石主要是由碳组成的，除此之外，还含有硅、镁、钙、镍、锰、铝、钠、钡、铁、钴、铬、钛、硼、氮等许多杂质元素和碳氢化合物。杂质元素常以包裹体的形式存在，并以无色透明的晶体形成细小包裹体（如针尖大小），其折射率与钻石的折射率相差愈大，包裹体在钻石中就愈明显。

产自中国辽宁的金刚石（Diamond，直径2厘米），为平行连晶

钻石属于等轴晶系，每个碳原子都与其周围4个碳原子相连接，形成四面体配位。两个碳原子之间的距离相等，为1.54纳米，这种紧密而有规则的结构决定了钻石的高硬度、高熔度、不导电、抗酸碱性及抗腐蚀性的优异性能。

2 钻石的物理性能

钻石的硬度高达10度，是已知天然宝石中硬度最高的宝石。而刚玉（红宝石、蓝宝石的原石）的硬度为9度，故只有钻石才能刻划它。如果从绝对硬度（压入法测试）看，钻石是刚玉的140倍。

钻石的相对密度为3.47～3.56克／厘米^3，与黄玉很相近，但钻石属于等轴晶系（均质体），而黄玉属于斜方晶系（非均质体）。

钻石的折射率为2.4～2.48。如果把钻石浸在二碘甲烷（折射率为1.47）或一溴萘溴仿（折射率为1.59）或苯（折射率为1.50）的液体中，可从中清晰地看到钻石的轮廓，其原因是钻石的折射率要比这些液体的折射率高得多。

天然钻石具有典型的、标准的、最强的金刚光泽。

优质的钻石应有最佳的透明度。若将标准圆钻置于台面"标记"测点上,以测试其顶部刻面的透明度,由于刻面发生全反射而没有光线从其上透过,因而看不见台面的"标记",表明这枚钻石透明度最佳。

钻石的颜色可分为两大系列:一是天然至黄色、褐色系列;另一类包括黄色、褐色、粉红色、绿色、蓝色、紫色和黑色,即彩钻系列。

钻石颜色是影响价值的最重要因素,因此钻石颜色等级的评定应力求准确,否则往往会因颜色等级评定失当,而使其价格相差甚远。

钻石净度分级表

美国宝石研究所标准(GIA)	中国标准	鉴定特征
无瑕(FL)内部无瑕(IF)	镜下无瑕(LC)	10倍放大镜下干净 10倍放大镜下少量的外部缺陷
一级极微瑕、二级极微瑕(VVS_1、SSV_2)	极微瑕疵级(VVS_1、VVS_2)	10倍放大镜下可发现针状包裹体1~25
一级微瑕、二级微瑕(VS_1、VS_2)	微瑕疵级(VS_1、VS_2)	10倍放大镜下易发现少量细小包裹体
一级小瑕、二级小瑕(Sl_1、Sl_2)	瑕疵级(Sl_1、Sl_2)	10倍放大镜下十分容易发现包裹体
一级瑕(l_1) 二级瑕(l_2) 三级瑕(l_3)	明显重瑕疵级(P_1) 很明显重瑕疵级(P_2) 极明显重瑕疵级(P_3)	肉眼可见矿物包裹体和大的解理与裂隙

钻石颜色分级标准对照表

美国宝石研究所标准（GIA）	中国标准（色级）	国际钻石委员会（IDC）国际珠宝联合会标准（ICBJO）	描述
D 级	100	Finest white⁺（一级极白色）	肉眼观察为无色
E 级	99	Finest white（二级极白色）	
F 级	98	Fine white⁺（一级亮白色）	
G 级	97	Fine white（二级亮白色）	
H 级	96	White（白色）	
I 级 J 级	95 94	Slightly white（淡白色）	颗粒小者（＜0.2克拉）为无色，颗粒大者可以看到稍有颜色
K 级 L 级	93 92	Tinted white（微白色）	
M 级 N 级	91 90	Tinted（一级黄）	一般人也能看出具有淡黄色
O 级 P 级 Q 级 R 级	89 88 87 86	Tinted2（二级黄）	一般人均能看出为黄色，越向下色调越明显
S～X 级	85以下	Yellow（黄）	

注：GIA标准S级以下、中国标准85色以下或其他标准相当级别的钻石，不能用于制作首饰。

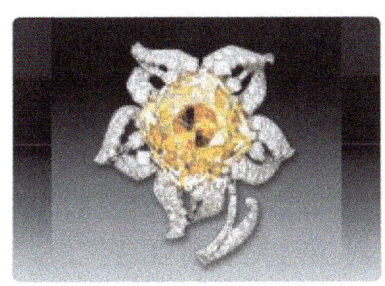

金黄色钻石胸针
（钻石重102.07克拉）

产自中国湖南的绿色金刚石
（直径1厘米）

橙黄色的南瓜钻（370.23 克拉），是选用了世界上极其珍贵的橙黄色钻石配上千颗碎钻制成，是一枚华贵无比的高雅胸针

天然彩钻戒指

3 钻石的鉴赏

被人们誉为宝石之王的钻石是世界上的顶级宝石，世界上没有其他物质能像钻石般那样稀有、珍贵、坚硬而富有魅力。钻石的原石——金刚石，是岩浆作用的产物，它是含有碳质的岩浆经过高温高压而结晶、分异、熔离后沿地壳内部一定的通道运移，充填于火山"管道"中而形成的，她是天长地久的"石头"，所以人们将其比拟为永恒存在的象征。

产自刚果民主共和国的千禧之星（Millennium star）共有 54 个切割面，是世界上重量最大（203.04 克拉）、净度最高、色级最好的梨形钻。戴比尔斯钻石矿物公司新近又发现了一颗重达 777 克拉的金刚石原石，是有史以来发现的第六大钻石

钻石是世界上最硬的自然产物，实验测试表明，其硬度是刚玉的 140 倍，是石英（硬度为 7）的 1 000 倍；她坚强无比，攻无不克，所以人们将其比拟为高尚品质的象征。为了使钻石的加工达到高度唯美的程度，经过了漫长的摸索之路，宝石界提出了钻石加工的"4C"准则，即对钻石的重量(Carat weight)、颜色

（Colour）、净度（Clarity）、切琢（Cut）都必须按相关准则去做。正因为钻石加工需按近乎苛刻的准则去做，所以人们将其比拟为艺术魅力的象征。钻石被历代帝王权贵视为无限权力的标志而深藏在宫中，世代相传。世界上最大的"库里南1号"（梨形）、"库里南2号"（方形）、"库里南3号"（梨形）、"库南4号"（方形）都镶嵌在英国国王的皇冠和权杖上，成了英国王室的珍宝，所以人们将其比拟为无限权力的象征。

由许多碎钻组成的叶形、橄榄形、心形钻石，再镶上英国皇冠圆钻形钻石组成的华丽胸饰

无色透明的钻石标志着纯洁无瑕、忠贞不渝，超常的硬度标志着坚实不移、经久不变。1477年，法国公主玛丽与奥地利王储罗斯美尼安订婚时，信物就是钻石戒指。如今，步入婚姻殿堂的人们都习惯选择钻戒作为爱情的信物。古埃及人认为爱情的血脉会从心脏直通左手无名指的指尖，新婚钻戒也因此要戴在新郎新娘左手的无名指上，所以人们将其比拟为纯洁爱情的象征。

钻石不但是十分珍贵的宝石，她的造型还具有非常迷人的性格魅力。许多喜爱钻石的人在选择钻石时，往往会不自觉地选择与自己性格喜好以及行为特征相近、亲缘的饰物造型。例如，庄重、严谨、富有领导才艺且性格坚强的人，往往偏爱有棱有角的方形钻石；情愫委婉、贤淑机灵、处事大度、随遇而安的人，

梨形钻石组成的条带，橄榄形钻石组成的吊坠，再由一颗硕大的方形巨钻连接而成的钻石项链，彰显出尊贵、典雅的独特气质

往往偏爱滋润圆满的圆形钻石；文武兼备、既柔且刚、经纬纵横、运转乾坤的人，往往偏爱上锐下钝的梨形钻石；刚正善良、进取心强、激情满怀、常露锋芒的人，往往偏爱两头略尖的橄榄形钻石；孤芳独傲、蹊径独辟、与人为善、宾朋为尊的人，往往偏爱卵形钻石；博采众长、才气横溢、善于创新、求于笃行、既晓自然科学又通文学艺术的人，往往偏爱心形钻石。

清新碧绿的草茵、五彩斑斓的鲜花、和煦淡丽的清风，伴随着爱美的女士们，伴随着各色天然钻石，也是春风中最令人陶醉的一道风景。如今，钻石已成为优雅、时尚、智慧、细腻、高贵、自然、追求经典和富有创造力的代名词，是不可多得的传世珍品。十年前，钻石已取代黄金，成为国际公认的硬通货，价格也节节攀升，成了收藏界重点藏品之一。

二 红宝石（Ruby）

"宝石之王"是印度梵文对红宝石的美称，她的颜色是燃烧的火焰，她的底蕴是包含无限的热情。在有色宝石中，价格可以与无色钻石相媲美的首先要数红宝石，其次是蓝宝石。可是，谁能相信，红宝石、蓝宝石，一个是火热的暖色，一个是清凉的冷色，两种截然不同的色彩性格，竟然同属一种矿物——她们都是刚玉族系中的佼佼者。刚玉的本色是无色透明的，但这种纯净的水白色刚玉实为罕见，当刚玉含有其他元素时便会变色。红宝石的色度取决于刚玉中铬的含量,血红色红宝石的含铬量约为 2%,有时可达到 4%。红宝石不仅是七月的诞辰石,而且也是结婚 40 年的纪念石。

1 红宝石的天然特性

钻石、祖母绿、红宝石和蓝宝石胸针

红宝石的基本组成物质是三氧化二铝,造成她红色本体的是含铬量的多少,铬在自然界中远不如铝普遍,因此氧化铝和铬的结合概率是极小的,这也是红宝石较稀有的主要原因。不过,铬虽然会使刚玉变成红色,但有时也会使之变成绿色,比如祖母绿、翡翠的绿也是依赖铬的含量多少而确立的。红宝石既然属于刚玉家族,故亦为三方晶系,晶体呈柱状、桶状和板状,折射率一般在 1.76～1.78,双折射率为 0.008～0.010,双色性明显,一般红宝石的双色性为紫红、红色(橙红或浅红)和玫瑰红。红宝石的相对密度一般为 4.00～4.20 克/厘米^3,随其内含物而异;硬度为 9,随角度不同而稍有差异;红宝石为

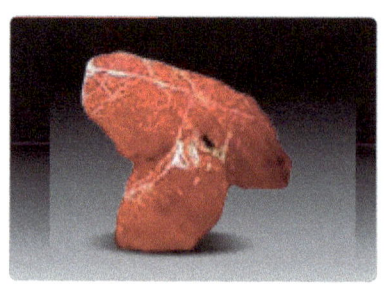

越南红刚玉(Corundvm,直径 1.2 厘米),柱状

斯里兰卡刚玉(直径 0.9 厘米),双锥状

玻璃光泽至半金刚光泽，有内含物时可促进其呈现丝绢光泽，透度一般为透明至半透明。在进行红宝石的加工切割时，须谨慎选择切割的角度与光轴的关系，让最佳的红色呈现于桌面。

镶满碎钻的红宝石套装系列

红宝石是一个特定的专有名词，所有红色的宝石并非都可称为红宝石的。真正的红宝石除了尖晶石外，还有石榴子石、红碧玺以及红色风信子石（皓石）等。如果按美国宝石学院（GIA）的定义，红宝石是一种"透明的、轻中度至深度红色、略带紫色的刚玉"。欧美人士喜欢最精美的血红色红宝石，其中色泽最佳者为鸽血红（Pigeon blood），一种极鲜艳的血红色，真正好的鸽血色红宝石在两万颗中才能勉强找出一颗，是可遇不可求的珍品；其次是牛血红，颜色略呈较暗的红色；再次则是比血红略淡的颜色，仅含少量的铬，称之为法国红或樱桃红。迄今，最精美的红宝石几乎都产自缅甸。

2 红宝石的产地

红宝石在地球上的分布远不及蓝宝石多，大部分产地均集中在东南亚，即沿着喜马拉雅山由东向西的一些国家，如缅甸、泰国、斯里兰卡以及阿富汗和克什米尔地区，除东南亚以外，非洲也有红宝石产出。

（1）缅甸红宝石　生产始于史前时代，并被称为东方红宝石。主要产于抹谷地区，呈标准的鸽血红色。经5 000多年的挖掘，那些珍贵的特殊红宝石，如今只有在王室及私人间传承珍藏，偶尔在博物馆也可以看到。

河滩淘砂找矿图

(2) 泰国红宝石　又称暹罗红宝石，主要产于尖竹汶地区，颜色呈暗红至微褐红，有的外观酷似贵榴石或红榴石。

(3) 越南红宝石　主要分布于黄连山省陆安地区，呈粉红、深红、亮红、浅紫红等色，透明、半透明至不透明。

(4) 斯里兰卡红宝石　主要产于西南部的拉特纳普拉(Ratna pura)、哈门巴托塔（Ham batota）等地。斯里兰卡的红宝石开采可追溯到公元2世纪，现今的开采方式仍与13世纪马可波罗所记载的方法基本相同，即在砂石河床地区，如同淘金似地进行淘洗筛选。

(5) 印度红宝石　主要分布于泰米尔纳德邦、安德拉邦、卡纳卡塔邦，呈暗红及鲜红色，以用来加工刻面型宝石和星彩宝石。

(6) 巴基斯坦红宝石　主要分布于罕萨地区(Hanzavalley)，与缅甸红宝石相似或相同，重2克拉以上者不多见。

(7) 坦桑尼亚红宝石　主要产于北部边境隆吉多一带的伟晶岩型红宝石矿床，出产的原生红宝石晶体粒径比较大。

(8) 肯尼亚红宝石　主要分布于卡西戈、沃伊、纳芒加等地。其中，产自纳芒加地区的颜色纯红、透明度亮、质量最好。

镶嵌翡翠、珍珠和玛瑙的红宝石（17.9克拉）胸针

红宝石戒指

（9）澳大利亚红宝石　分布于北部哈尔茨山脉雷迪山东南约6 000米处，颜色极好，质优。

3 星石之王——星光红宝

红宝石（刚玉宝石）可具星光和猫眼效应，这种星石主要是内部有丝绢结构的杂质，或者与金红石的含量、形态、排列方式及琢磨款式有关。因此，磨成凸面型的宝石可在光照下显出六条变彩星光，而猫眼宝石则需特殊定向加工。此外，只有以钒致色的刚玉宝石才能具备变色效应。人们对星光刚玉，也就是星光红宝有这样的评价：透明程度愈佳，并能清晰地展示分明的星状，而且具有排列完全对称的六射星光，她的价值就愈高；如果在较多的强点光源下观察，交叉光芒汇合在宝石中心愈近者，她的价格就愈高；宝石的光点界限必须分明，看起来像横过表面呈滚动状，光点要有一定的深度，像是由宝石里面喷射出来一样，她的价格也就愈高。一般而言，半透明宝石所显示的星光现象最佳，宝石愈透明则星线愈不明显。

红宝石的参考价格

等　级	描　述	价格（美元）
A（A⁺、A、A⁻）	鸽血红，透明，少包裹体，无裂纹	2500（1990年重量为1克拉成品的平均参考价）
B（B⁺、B、B⁻）	深玫瑰红，透明，少包裹体，少裂纹	1800（1990年重量为1克拉成品的平均参考价）
C（C⁺、C、C⁻）	玫瑰红，透明，少包裹体，无或少裂纹	1400（1990年重量为1克拉成品的平均参考价）
D（D⁺、D、D⁻）	浅玫瑰红，透明，少包裹体，无或少裂纹	不单独定价，镶嵌成首饰后一并计价

注：红宝石通常不单独计价，一般在镶嵌成首饰后，视等级、品味、工艺，一并计价

星光红宝石 是一种在有色宝石中价格可与钻石相媲美的宝石，因为硬度（9度）仅次于钻石，色泽又很美丽，亦属于可长期佩戴的贵重宝石

蓝宝石(Sapphire)

蓝宝石由希腊和拉丁文演变而来，意思是蓝颜色。因"Sapphire"泛指蓝色矿物，所以"Sapphire"也一直被泛传为蓝宝石。像红宝石一样，当纯正无色的刚玉在结晶时有钛元素渗入，便会呈现蓝色。深蓝色的蓝宝石除含微量的钛以外，还含有微量的铁。

蓝宝石当中还有一种叫星石蓝宝、变石蓝宝和微紫蓝宝。

在欧美的传统习惯中,蓝宝石被认为是信实与智慧的象征;东方人则认为,蓝宝石会给人带来好运,具有避邪、健身作用;也有人把蓝宝石当作指路石。

1 蓝宝石的天然特性

刚玉中除了红宝石之外,其他颜色的刚玉都可称为"Sapphire",这是广义的蓝宝石,为了区分不同颜色的刚玉,一般在刚玉前面冠以色彩名,如绿刚玉。狭义的蓝宝石指的是蓝色的刚玉,当然其蓝色有种别和深浅等方面的差异。

标准的蓝宝石在色泽上呈著名的矢车菊蓝(Cornflower Blue)或雨过天晴的蔚蓝色,其次呈浅蓝色、浓蓝色等,有的则呈碧蓝、海蓝和湖蓝等色。颜色分布不均匀是蓝宝石的一个重要特征。其晶体呈平行六方柱面排列、有生长纹和深浅不同的平直色带,有百页窗式的双晶纹,且裂理与双晶面有关。将蓝宝石按特定的方向磨制成弧面后,就有明显的六射星彩效应和十二射星彩效应,折射率通常为1.757~1.779,双折射率为0.008~0.009,在二色镜下可以见到深紫蓝或绿蓝色。蓝宝石一般由其晶体中的铁致色或铁和钛联合致色,故在蓝色光区有470纳米、460纳米和450纳米3条铁的吸收线,在红光区或橙光区有吸收带。蓝宝石的硬度为9,相对

产自中国山东风化玄武岩中的刚玉(直径10厘米)

粉红色蓝宝石晶体

蓝宝石（Sapphire），有时也以产地作为商业分级的标准。最好的蓝宝石产自克什米尔，其中最佳者称为矢车菊蓝，是一种有法兰绒般蓝得微带紫光的颜色；产自缅甸的蓝宝石多为一种精美的皇家颜色；产自泰国的蓝宝石有时几乎呈蓝墨色；斯里兰卡蓝宝石则呈紫灰色或浅灰蓝色

密度为3.95～4.03克／厘米^3。对蓝宝石持续加热升温，可使其丧失原有丽色；蓝宝石化学稳定性强，在常温下具有较好的抗酸、抗腐蚀能力。

2 蓝宝石的品种与分级

蓝宝石的分级标准没有红宝石那样清楚，常见的蓝宝石重量多为几克拉或几十克拉，100克拉以上的蓝宝石已比较少见，而1 000克拉以上的蓝宝石则是极为罕见的珍品。如斯里兰卡宝石砂矿中曾出产过迄今世界上最大的蓝宝石，重达19千克；一颗产于澳大利亚昆士兰州的蓝宝石，原石重2 302克拉，位居世界第二；产于缅甸的一颗优质蓝宝石晶体，重951克拉，位居世界第三；1948年，在澳洲发现的"昆士兰之星"，原石重1 156克

产自斯里兰卡的黄色蓝宝石

产自斯里兰卡的绿色蓝宝石

拉（琢磨后重733克拉）则位居世界第四。这些都是世界上已发现的最大的星彩蓝宝石。

天然蓝宝石按颜色、特殊光学效应差异可分为以下12种。

（1）蓝色蓝宝石　呈著名的矢车菊蓝色或蔚蓝色等，这是天然蓝宝石最为常见的一类。

（2）绿色蓝宝石　呈绿、黄绿、灰绿等色，人们将其称为"东方祖母绿"。

（3）黄色蓝宝石　呈金色或金黄色及浅黄色、黄色、绿黄、橘黄、棕黄等色，其中金黄色蓝宝石有金色宝石、金宝石、东方黄宝石、黄宝石王、黄宝石帝等多种美称，为自然界不可多得的珍品之一。在明十三陵的定陵中就出土了万历皇帝所拥有的金宝石。

（4）粉红色蓝宝石　呈粉红或玫瑰红、深粉红、浅粉红、粉橘红等色。

（5）橙色蓝宝石　呈橙色、橙红色及粉橙红色等，橙色至红橙色属于斯里兰卡的橙色蓝宝石，是世界公认的帕特马蓝宝石，故久负盛名。由于橙色蓝宝石在自然界中非常少见，又很美丽，所以价格高昂。

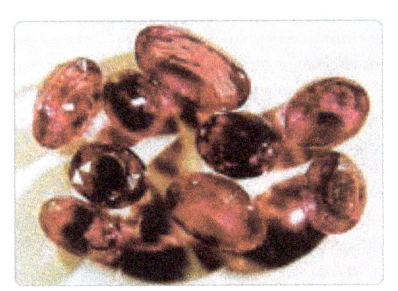

紫色蓝宝石，美国自然史博物馆中的"印度之星"（563克拉）和在澳大利亚发现的"昆士兰之星"，都是世界上已经发现的最大蓝宝石

（6）紫色蓝宝石　呈紫、红紫、紫罗兰等色，有一种呈微红紫或红紫色，被称为（梅子）蓝宝石。

（7）褐色蓝宝石　呈褐色、黄褐色、红褐色、浅褐红色等，微透明至半透明，如果含有绿状包裹物并将宝石加工成弧面形，可出现星彩效应。此种蓝宝石在自然界中也很罕见。

（8）黑色蓝宝石　呈墨黑、蓝黑、绿黑、深褐、墨绿等色，此类蓝宝石之所以得到人们的珍爱，主要在于其黑色星彩蓝宝石种属的存在。

（9）无色蓝宝石　称白宝石或白色蓝宝石，属于无色透明的刚玉晶体，此类蓝宝石曾在明十三陵的定陵中出土，为万历皇帝生前拥有。如今，这种无色蓝宝石也被当作钻石的代用品。

（10）星彩蓝宝石　这里是指具有星彩效应的蓝宝石，她具有除橙色、黄色外的各种颜色。1948年，在澳大利亚昆士兰州发现了一颗重达733克拉的黑色星彩蓝宝石，是迄今为止世界上最大的星彩宝石之一。

（11）变彩蓝宝石　又被称为似金绿玉蓝宝石或似变石蓝宝石，她的特征是在一定条件下，颜色会发生变化，如在日光下为蓝色，在灯光下变为微红或紫红色，很是悦目。澳大利亚也发现过具有蓝色橘红色夹层的局部变彩蓝宝石。

（12）猫眼蓝宝石　是指具有猫眼效应的蓝宝石，产生这种效应的原理被认为是蓝宝石中的包裹体分布不均，以致在星彩蓝宝石中的星状射线有一束或几束被减弱；或者由于丝状或针状矿物包裹体平行于蓝宝石"C"轴分布所致。

3 蓝宝石的产地

用蓝宝石（4.9克拉）和钻石（2.9克拉）制成的胸针

蓝宝石资源在自然界的分布十分有限，其中优质品种更是罕见。所以蓝宝石的分布具有明显的不平衡性。世界上出产蓝宝石的国家和地区，主要在缅甸，还有斯里兰卡、泰国、柬埔寨、越南、印度、巴基斯坦、阿富汗、澳大利亚、美国、俄罗斯、肯尼亚、坦桑尼亚、津巴布韦、尼日利亚、加纳、巴西、马达加斯加、哥伦比亚、挪威、芬兰、捷克、南非和克什米尔地区。

蓝宝石戒指、耳环和用金镶嵌的项链

珠宝玉石 鉴赏与收藏　叁　贵美宝石

用蓝宝石（30.14 克拉）和钻石（0.62 克拉）制成的胸针

蓝宝石（18.46 克拉）胸针

（1）缅甸蓝宝石　主要为刚玉宝石，产在抹谷地区，位于缅甸中北部杰沙县，这里的蓝宝石颜色极为富丽，有皇家蓝色之称，她是可以与克什米尔地区出产的蓝宝石相媲美的优质蓝宝石。

（2）斯里兰卡蓝宝石　产自有大量的宝石冲积砂矿集中的地区，主要分布在拉特纳普拉城，面积约 2 000 平方千米。

（3）克什米尔蓝宝石　产于桑斯加尔一带，蓝宝石呈标准的矢车菊蓝色，具法兰绒般蓝得微带紫色，这种宝石不很透明，色调较淡，但较明亮。

（4）泰国蓝宝石　产于泰国北部地区的古老变质岩中，如清莱府等地，南部尖竹汶至达叻一带为蓝宝石的重要产区。

（5）柬埔寨蓝宝石　主要分布于西部的拜林、马德望，东部的博胶等地。拜林刚玉宝石矿床位于柬埔寨西部柯达莫克山地高原西北部的拜林城。

（6）越南蓝宝石　主要分布于黄连山省陆安、义静省蔡州等地。经地质调查，陆安的红宝石和蓝宝石矿化面积已达到了 300 平方千米。

（7）印度蓝宝石　矿床位于克什米尔吉玛拉雅桑斯加尔山脉南坡海拔约 4 500 米处的苏姆扎姆镇西北 4 000 米的矿区，此外，拉贾斯坦邦通克县的詹瓦里地区的蓝宝石和红宝石矿脉中都有星彩宝石出现。

（8）巴基斯坦蓝宝石　主要产在北部的上巴尔蒂斯坦的白色

结晶大理岩中,另外,在克什米尔罕萨发现了世界上蕴藏量最丰富的红宝石矿床。

(9) 阿富汗的蓝宝石　主要分布于巴塔赫尚省,其矿床位于奥克苏斯河及其支流图尔特河之间的加兰附近、巴尔沙尔镇的25千米处。

(10) 澳大利亚蓝宝石　是世界上刚玉宝石的重要出产国之一,产地较多,主要分布于昆士兰州和威尔士州,而昆士兰州的蓝宝石主要分布于安纳基地区,蓝宝石的储藏面积约900平方千米。

(11) 美国蓝宝石　也是世界上刚玉宝石重要的出产国之一,其产地也较多,蓝宝石主要分布于蒙大拿州和北卡罗来纳州。蒙大拿州的罗克克里克、德雷科顿伍德克里克砂矿中的蓝宝石亦分布于河谷砾石沉积物中。北卡罗来纳州的刚玉宝石发现于梦空县的卢卡斯矿和库尔萨吉矿山中。

蓝宝石戒指

碎钻蓝宝石戒指

(12) 俄罗斯蓝宝石　分布于乌拉尔山依兹马卡尔鲁兹矿床,在南乌拉尔山也发现有刚玉宝石,基围岩为镁钙质大理岩,且宝石的质量很好。

(13) 肯尼亚蓝宝石　也是世界上刚玉宝石的重要出产国之一,肯尼亚蓝宝石于1974年发现于察沃西部的国家公园地区。

(14) 坦桑尼亚蓝宝石　也是世界上刚玉宝石的重要出产国之一,产地也较多,其中与肯尼亚交界处乌姆巴河流域和乌鲁古鲁山,距莫罗戈罗城约50千米处是坦桑尼亚蓝宝石的主要产地。

（15）津巴布韦蓝宝石　这里出产具有各种颜色的刚玉宝石及黑星宝石，如北部的巴劳塔矿便出产一种呈深蓝色、重 3 100 克拉的蓝宝石晶体。

中国自 20 世纪 70 年代开始调查刚玉宝石资源，发现其在国内的分布范围相当广泛，主要有天山成矿区、昆仑山至祁连山成矿带、秦岭成矿带、滇缅成矿带、两广成矿带、东部和东南沿海成矿带。此外，现已在海南、福建、台湾、江苏、山东、安徽、江西、河北、山西、内蒙古、新疆、甘肃、陕西、青海、西藏、云南、四川、辽宁、吉林、黑龙江等 20 余个省区都发现了宝石级刚玉及其矿化脉。

人见人爱的蓝宝石为世人所向往，古人认为大地就由一个巨大的蓝宝石支撑着，并且由于蓝宝石的反光，将天空化映成了美丽的蓝色，天空是湛蓝的，海洋也因深爱那幽深的蓝色宝石而变成了蔚蓝，蓝色的宝石则在那澎湃的浪涛中诞生、幸福、永恒……

四

祖母绿(Emeralb)

祖母绿是属于绿柱石族中最为重要和名贵的品种，居绿色宝石之首，同钻石、红宝石、蓝宝石和金绿猫眼一起被列为"五大珍宝之一"。祖母绿的名称来自波斯语"Zumunrud"（助木鲁德）译音，她青翠悦目的颜色让世人着迷，她代表着自然的美景和生命的意蕴，是人类信心永恒不朽的象征。

1 历史及神话

历史上最早出现祖母绿记录是在公元前4000年前的埃及，而埃及是否曾出产祖母绿已无从考证。公元前4000年前，在美索不达米亚文明的巴比伦时期，就有人用祖母绿来装饰自己；在迦勒底王国（新巴比伦）时代，妇女们则更普遍佩用祖母绿作为饰物。

在古希腊，人们会将祖母绿——一种会发光的宝石，献给希腊神话中爱和美的女神维纳斯。印加国王同样视祖母绿为珍奇，在其王冠上镶有453颗祖母绿，共重1521克拉，其中最大的一颗重45克拉。西班牙人征服南美时也一直在搜寻最大的祖母绿，并从南美掠夺了许多珍贵的祖母绿运往欧洲。有关祖母绿的传说很多，如将祖母绿磨成粉后吞下，可增强体力和智商；将祖母绿放在眼皮上，可增进视力；传说中的尼罗王曾将祖母绿切削成薄片当滤光镜，在烈日下观看奴隶们格斗，这可能就是世界上第一副太阳镜的诞生。

镶了31颗钻石的祖母绿项链

历史最悠久的祖母绿产地应数南美的哥伦比亚，其次是巴西，东非的津巴布韦、赞比亚、坦桑尼亚和马达加斯加，南非的德兰士瓦和亚洲的印度、巴基斯坦以及俄罗斯的乌拉尔都有祖母绿产出。

相传中国古代就广泛将祖母绿作为饰物，在明十三陵的定陵所出土的珠宝中，祖母绿就占很大的比例，仅皇帝的龙袍玉带上镶有的祖母绿就有数十颗。在清《博物要览》中说："西洋默德

镶钻石的祖母绿耳钉

那国产祖母绿宝石,色深如鹦鹉羽……",《清秘藏》载有:"祖母绿,亦称助木绿,以内有蜻蜓翅光者甚佳(今解蝉翼)。"在慈禧太后大量的殉葬品中,有一床金丝棉被,上面就缀有两颗约80克拉的祖母绿。

2 祖母绿的天然特征

祖母绿为铍铝硅酸盐,常含有铬、结晶水、铁等,还含有钒、镍、铋、锰等微量元素。

祖母绿多为上升的熔岩与变质岩形成,所以矿脉多在伟晶岩附近发现,祖母绿的物理特性,特别是相对密度及多色性,因产地不同而有差异。

天然祖母绿的硬度不算高,为7.5～8。天然祖母绿的相对密度因产地不同而有差异,其大小受自身碱金属含量的影响而不同,碱金属含量越高,相对密度也就越大,一般是2.6～2.9克／厘米^3,如巴西祖母绿的相对密度为2.68～2.70克／厘米^3。祖母绿的折射率通常为1.570～1.600,双折射率0.006～0.009,色散为0.014,光面为玻璃光泽,透明度差者为油脂光泽,呈透明至半透明。天然祖母绿和合成祖母绿在紫外荧光下都可显示弱绿色荧光,如果在弱橙红至带紫的红色荧光下,一般可能不显荧光。典型的祖母绿颜色呈一种特殊的绿色,色泽浓

产自哥伦比亚的与方解石共生的祖母绿

艳而不浮华，柔和而富有绒感，犹如翠羽的感觉。祖母绿因晶体结构中含有铬而呈晶莹的翠绿色，决定其颜色柔和与浓郁的程度以及体现其色彩品质深浅与优劣则在于原石的绿柱石中铬与钒的含量。

3 祖母绿的产地

由于地壳地质构造环境及特定成矿条件的差异，使全球天然祖母绿产地呈不平均分布状态，仅分布于少数几个国家和地区。

（1）哥伦比亚祖母绿　主要产于哥伦比亚里奥考卡山安达卢西亚矿床，其他均分布在安第斯山脉东端的木佐、科斯凯斯、契奥尔、圣胡安之地、布埃纳纳斯塔等矿区。

（2）巴西祖母绿　产地主要分布于巴西的米纳斯吉拉斯州、戈亚斯州、巴伊亚州。其中，巴伊亚州的祖母绿呈鲜艳的绿色，可与哥伦比亚木佐的祖母绿相媲美。

（3）美国祖母绿　主要分布于美国东海岸北卡罗来纳州的亚历山大、克利夫兰和米切尔地区。

（4）俄罗斯祖母绿　主要分布于欧亚大陆分界的中乌拉尔地区，位于东乌拉尔隆起北部的木尔津斯克至阿杜伊与阿斯特斯托夫的结合带上。

（5）挪威祖母绿　主要分布于首都奥斯陆以北45千米处的黑云母片岩内的晶洞伟晶岩脉中。

（6）奥地利祖母绿　主要分布于东阿尔卑斯山脉萨尔斯堡州的哈巴森塔尔地区。

（7）埃及祖母绿　主要分布于距红海海岸50～60千米的扎巴腊、锡开特和努赫鲁斯山区。早在公元前1500年之前，就已开发利用；到18世纪之前，当地的祖母绿资源曾依次归埃及人、希腊人、罗马人和土耳其人所拥有。

（8）坦桑尼亚祖母绿　主要分布于马尼亚拉湖以西3 000米处，另外在坦桑尼亚西南的松马万加附近也发现有祖母绿。

（9）赞比亚祖母绿　主要分布于米库（Miku），卡富布（Kafubu）等地，仅卡富布地区就有10个矿区拥有祖母绿矿床，是世界上优质祖母绿的出产国之一。

（10）津巴布韦祖母绿　主要分布在桑达瓦那、穆斯塔德、诺维洛—克莱姆斯和克什旺达等地。

（11）南非祖母绿　主要分布于德南土瓦，虽然晶体较小，而质量相当高。1960～1963年，南非出产祖母绿原石1 567千克，价值可观。

（12）印度祖母绿　主要分布于贾拉斯坦邦的梅瓦尔县和阿杰米尔—梅瓦尔县，它们构成了长200千米、宽30千米的巨大祖母绿矿床带。

（13）巴基斯坦祖母绿　主要分布在斯瓦特山谷地，也就是位于印度河缝合线、中生代低温高压变质带处。

（14）阿富汗祖母绿　主要分布在喀布尔东北约110千米处的兴都库什山的南坡，奇怪的是，那里的祖母绿都产在3 000～4 000米的高地上。

（15）澳大利亚祖母绿　主要分布于南威尔士和澳大利亚广大地区。

（16）中国祖母绿　主要分布于中越边境的云南省麻栗坡县大丫口地区。

4　祖母绿的评估与鉴赏

最好的祖母绿不但颜色要够绿，而且色泽要浓厚。因为绿色是黄与蓝的混合色，所以祖母绿的色调（Hue）常常有别。有些绿色偏蓝，有些绿色偏黄，至于颜色的价值，主要凭个人的感觉和个人的素养而有不同的评判标准，只要色泽浓厚、颜色正，都会讨人喜欢。除颜色外，祖母绿的品质高低要看内含气状包裹体和杂质的多少，但即使是最高等级的祖母绿，毫无瑕疵的也极少。内含物的种类或多少,常用来判断其产地,有一些含云母杂质的祖母绿,在许多产区都可出现,唯独不出现在哥伦比亚祖母绿中。但在哥伦比亚祖母绿中,常发现三象体(Three Phase Inclusion)——三相包裹体,也就是一个空隙中含一液体水泡,一固体内含物及气泡。此种情形在其他产区很少见到,这些包裹体或者杂质凭肉眼看不出来,须在10倍、20倍甚至40倍的放大镜下才能看得见。

祖母绿钻石项链

祖母绿传统上均被切割为长方形,称之为祖母绿切割法(Emerald Cut)。净度较高而透明的祖母绿多切为此形,即切去四角,使之外轮廓呈八面形、长方形或方形;也可采用"阶梯式"切割,使之呈方形,或者切成梨形。而透明度较差或色淡的,则可切成凸圆形。

因祖母绿比其他宝石火花少,所以颜色的均匀及深浅成为决定价格的主要因素。通常颜色愈好、杂质愈少,则净度愈高,那么价值也就愈高。但是,淡色的祖母绿即使很洁净,也抵不上色泽浓艳而不浮华、绒感柔和如翠羽般祖母绿的价格,况且超过5克拉的此种淡色祖母绿数量尚多。祖母绿的品质及大小有着很广的范围,因此,也就有了自由的选择余地。说起来也很奇怪,似乎上苍对祖母绿做了特定的安排,就是色泽愈美的祖母绿,瑕疵也就愈多,故价格差别最大的是高品位及高品质的祖母绿,时常要比中等品质者高出数倍。因此,祖母绿昂贵与否主要取决于色泽。

祖母绿制作成的各种饰物,如戒指、项饰、冠饰、耳饰、胸饰等,不仅可显示着人们富有、青春永驻和返老还童,而且,还可预示人们迎来光明、久享人世间的荣华富贵。

祖母绿既代表着自然的美景也表示生命的意蕴，是人类信心和永恒不灭的象征，因而对祖母绿宝石的维护、保养使之永恒亦很重要。祖母绿硬度较刚玉中的红宝石、蓝宝石较低，而且质脆，结构中缝隙也多，故在做较为粗重工作时不宜佩戴，以防碰撞脆裂。祖母绿宝石也不宜遇热，应该避免热烤、热水烫和火焰灼等。清洗祖母绿宝石时要用温水软刷进行操作，避免用超声波清洗器，并且防止接触氟酸。

五 欧泊（Opal）

在华灯初上，雅韵缭绕的晚会上，女士们身穿高雅的衣着和黑丝绒旗袍，频举芬芳的香槟。这时，您会发现许多风度高雅的女士在胸前佩戴一种梨形或椭圆形熠熠发光的饰物，这种饰物所散发出的光泽像孔雀羽毛般的灿烂。这种珍贵的宝石便是欧泊。

欧泊是由英文"Opal"音译而来，又来自拉丁语"Opalua"、希腊语单词"Opalios"和梵文单词"Upala"，意为名贵宝石。欧泊又是一种奇特的宝石，她的变彩效应是众多此类宝石中最美丽、最神秘的品种之一。这种变彩是光线通过宝石时，即分为7色光谱。按光线的方向、强度、正面、反面和视角的不同，其色彩变化也不一样。所以，可给人以耀眼的闪色、丰富的变幻而产生美感。如果从欧泊的物质成分来看，她是自然界属于宝石级的二氧化硅，是一种硅土胶，为硅酸盐沉淀而成。

1 欧泊的天然特性

在莎士比亚的《第十二夜》中，欧泊被称赞为"这种奇迹是宝石的皇后"，其二氧化硅含量为85%～96%，含水6%～10%，最高达20%，有的欧泊还含铁、锰、铜、镍等。绝大多数欧泊为非晶质，通常呈致密状、钟乳状、皮壳状、结核状、土状的结合体。比较纯的欧泊为无色或乳白色，也有淡蓝色、橙红色、褐色、黑色等。欧泊的硬度不高，为5.5～6.5，相对密度

产自澳大利亚的贵蛋白石(Precious opal) 直径11.8厘米

为1.98～2.2克／厘米³，透明度为微透明至半透明，具珍珠光泽、蛋白光泽、半玻璃光泽，条痕呈白色至灰白色。欧泊在紫色光线照射下，黑欧泊发出中等至强的灰蓝荧光，白欧泊发出浅蓝色或淡绿色荧光，火欧泊发出弱至强的微绿荧光；这些荧光的颜色可以由长波或短波产生。由长波形成的颜色可强一些，欧泊的这些光学效应是非常典型的变彩效应。根据变彩形态的不同，可以将其分为点状、丝状、片状、带状、条状以及不规则状等。欧泊的重量每颗从十几克拉至数百克拉不等，也有达1 000～5 000克拉甚至5 000克拉以上的。

致使欧泊出现细裂纹、开裂或断裂的根源，主要与温度的突然变化有关。若过热，不但会使欧泊开裂，还会使其变色，会变成淡白色或微棕色，变彩效应也会随之消失。所以，必须严格防止将欧泊置于沸腾的溶液里；也不能放入含油脂的水中清洗。

2 欧泊的品种及分类

欧泊的分类方法很多,一般可分为宝石类欧泊(Gemopal)和普通类欧泊(Common opal)2个类别,而普通欧泊石还可划分成为11个类别。如果按传统的矿物学意义进行分类,欧泊可分为贵蛋白石(Precious opal)、火蛋白石(Fire opal)和玻璃蛋白石(Hyalite opal);如果按欧泊石底色差异进行分类,欧泊可分为黑欧泊石、白欧泊石和火欧泊石;如果按照工艺美术特征进行分类,则可分为漂砾、脉石、晶质、胶状、火斑点状、孔雀、斑红、火焰、闪光、猫眼、星彩、鲕状、欧泊石化骨(opalized bone)、欧泊石化木(Opalized wood)、欧泊石化贝等14种类别。

火欧泊是贵蛋白石中的特殊品种,橙红色如火焰般热烈

因各种分类均专业化太强而使人眼花缭乱,故我国宝石界习惯将可用作宝石的蛋白石统称为欧泊,并相应地将其分为白欧泊、黑欧泊和火欧泊。

白欧泊(White opal),这是一种被人类认识和利用时间最长的贵蛋白石,直到1890年还被视作贵蛋白石的典型。白欧泊的特征主要是指底色为白色、乳白色或者浅灰色的半透明或微透明的欧泊石,她的变彩强烈、鲜明。正因为她的底色是白色或乳白色,她的朵朵变彩变幻无穷,犹如银白色的天幕上出现的彩虹。奇异彩虹现象的存在,应该是贵蛋白石成为宝石的主要属性,无论是何种欧泊,彩虹现象的状况与其价格的高低贵贱都有直接的关系。若彩虹颜色均匀,图案变幻无穷,且轮廓清晰有序,其价格更为昂贵。

白欧泊的最早产地是捷克和斯洛伐克,那里的欧泊开采相当久远,持续了许多世纪,古代和近代均颇负盛名。目前,世界上大部分的白欧泊都来自澳大利亚,自从这里的白欧泊被发现而闻名于世以后，捷克和斯洛伐克、墨西哥的欧泊就相对居于次要地位了。白欧泊在澳大利亚的产地是安达莫卡和库伯佩迪、新南威尔士的怀特克利夫斯以及昆士兰州的约瓦赫等地。在巴西的皮澳伊州、捷克和斯洛伐克的切尔文尼察、美国的俄勒冈州以及日本也都有白欧泊出产，俗称墨西，其中的无色透明者被称之为白墨西。

黑欧泊(Black opal)，这是一种底色较深的贵蛋白石。从外观上看，黑欧泊的底色呈带蓝色调的灰色、中灰、烟灰至黑色以及深蓝色到棕色。在深暗底色映衬下，彩虹效应更加显得强烈、鲜明，七色（红、橙、黄、绿、青、蓝、紫）变彩也变幻无穷，使其在外观上更显庄重、富丽。当组成彩虹的颜色范围既宽又均匀，而且呈现多边多角轮廓十分清晰的图案时，这种黑欧泊便被称之为斑色黑欧泊，是价值最高的品种。

黑欧泊是非常昂贵的，她不仅在欧泊中是价格最高的品种，即使在贵美宝石中，其价格也仅次于钻石、红宝石、蓝宝石和祖母绿而列居第五位。有许多中国人称黑欧泊为黑云山或闪光石，也有的称之为闪山云，有的甚至干脆称之为变彩之星的黑皇后。黑欧泊大多产在澳大利亚，主要的矿点是新南威尔士的闪电岭(Lightning Ridge)，闪山云的名称亦是从中转译而来的。其次，黑欧泊产自南威尔士的汀延巴和南澳大利亚的明塔堡。此外，印度尼西亚也有极少量的产出。

火欧泊是一种颜色鲜艳、透明的蛋白石变种。火欧泊是指底色为红、橙红或橘黄、黄等色，没有变彩或者变彩很弱，更没有彩虹现象的欧泊。火欧泊的显著特征是，颜色和玻璃一样，几乎全透明，在天然宝石之中没有与其相似者。火欧泊的相对密度为2克／厘米^3、折射率为1.37，均低于其他欧泊。尽管火欧泊很少用于加工成珠宝工艺品，可是收藏家却将其当成珍品一族。也许她的价值尚未被人们所认知，需进一步对其进行研究与开发。火欧泊主要产于墨西哥，其次为澳大利亚，在中国新疆的哈密也有所发现。

3 欧泊的维护

欧泊的变彩辉煌灿烂，其变化之多，居各类宝石之首。许多蛋白石爱好者都认为，欧泊是众多宝石中最为华丽的一族。日本的女性最为喜爱这种宝石，因而在日本的许多珠宝商店中陈列的蛋白石也最多；日本女性到墨西哥、澳大利亚、美国后，也最喜欢购置欧泊。现在，就连欧洲也掀起了佩戴欧泊热潮。中国的女士们历来就喜爱欧泊，尤其在晚会的服饰上，欧泊饰品占有很大的比例。

欧泊是一种娇贵的宝石，因为她的硬度不高，且含水分较高，不仅在加工时要加倍小心，在收藏和佩戴时也要注意维护。因此，欧泊以作为胸饰、别针或雕像较为适合，而不太适宜作戒指的戒面。如果作为戒指佩戴，则应留心不要在烈日下长时间照射或接近高温，以免其中所含水分散失而失去原有光泽。由于欧泊易碎，故不能磕碰、不能骤冷骤热，以免龟裂。在日光下曝晒时，会使欧泊的彩虹消失，也不能用沾有油灰的织物擦拭欧泊。作为戒指，在用肥皂洗手前必须先将其除下，以免肥皂水渗入多孔的欧泊内而使其受到污染；还要防止化妆品、汗水及其他污物接触欧泊。所以，对于如此娇贵的宝石，除在节日的喜庆时分或在高尚的雅聚时佩戴外，最好不要常年佩戴，且用后还须小心妥贴地放置于专用的首饰盒内。

英国工匠制作的欧泊黄金镂雕饰品（高40厘米）

肆

贵金属饰品

一

黄金(Gold)

金是一种贵重金属，俗称黄金，自古以来就被用来制作贵重金属品、货币等，在人类所创造的文明史上占有极其重要的地位。金也是自然金属宝石(Metallic gemstone)，如自然金、自然银、自然铂等。

图坦阿蒙王的黄金面罩。面罩是以22K的黄金厚板分几部分打造的，再用钉子连接；上面镶满了青金石、红宝石和彩色玻璃等装饰物（高54厘米）

人类对黄金的开发利用历史悠久，古埃及人在1万年前就已经开始使用黄金制作成华贵的装饰品；具有3 000年以上历史的叙利亚，素以制作精巧的金银饰物著称，由乌拉尔图人制作的带翼的狮身人面铜像，就镶嵌了大量的黄金和宝石；举世瞩目的缅甸瑞光大金塔，就是用黄金、白银和无数的珍贵宝石制作、镶嵌而成的。在文艺复兴之前，黄金就已用于制作宝石饰品的构架框座，然后在上面镶嵌宝石，并创造了许多镶嵌款式，如封闭式、

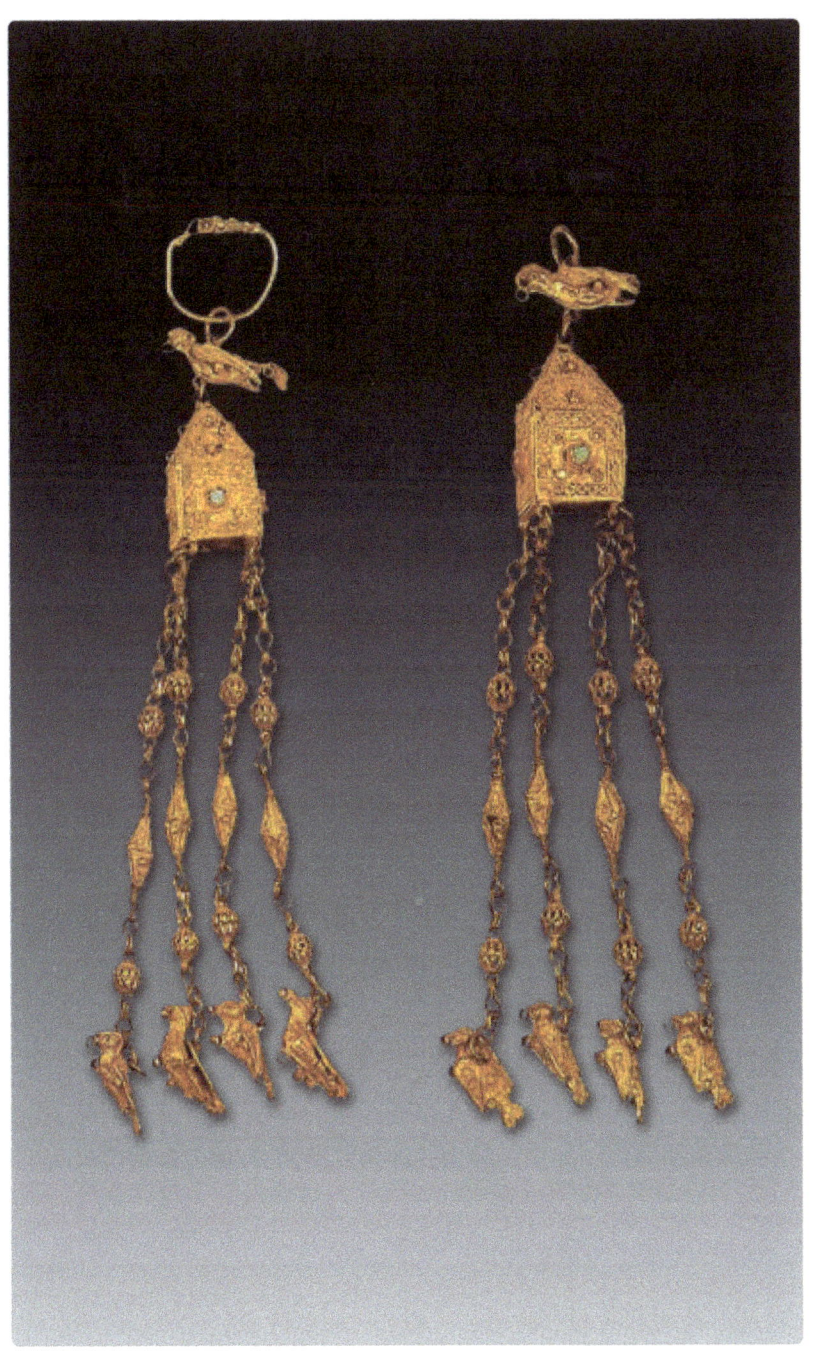

12世纪古罗马用金镂镶嵌绿玉和珍珠的金耳环饰。在金银饰物上嵌上色彩缤纷的宝石，在金线工艺和锁链的末端加上珍珠粒、串珠或各种动物形装饰，也是自古以来的传统

美洲用铜镀金制成的寓意饰品
（79厘米×52厘米）

开放式、爪式、铺砌式等。在古代南美，有一个盛传于世的极富黄金资源的黄金国，人们经多次考察才发现，此国位于历史悠久的文明古国秘鲁。可如今它已成为丛林中一座古城废墟，但它所遗存的黄金文物和金银器物却丰富而辉煌。

中国对黄金资源的开发利用历史也同样悠久，至少有着5000年的历史。在殷墟文物中就发现厚薄仅为0.01毫米的金箔，其加工工艺之精已达到相当高的水平；春秋战国时代的楚国货币也是以黄金制作的，战国的出土文物中就有含金量为99.9%的"金饼"；西汉时期对黄金的开发利用已盛极一时，那时黄金就被当作皇室、贵族的宝物和财富进行收藏，还作为对良将功臣们的犒赏、馈赠，也有的被黎民百姓用作捐税和贡品。

12世纪阿拉伯地区制作的镶有宝石的金线编织容器

1 金的天然特性

金的颜色为艳丽的金黄色，有强烈的金属光泽，相对密度为19.32克/厘米^3，具有优良的延展性，可加工成厚度仅为2.3×10^{-9}毫米的金箔，也可将1克金拉成3 420米长的细丝；金的熔点为1 064.43 ℃，故金具有耐高温的特点，沸点为2 807 ℃；金具有良好的导电性和导热性，导电率仅次于银、铜，导热率为74%；金的化学稳定性较好，能抗氧化、抗腐蚀、不溶于酸和碱，但可溶于王水（浓硝酸与浓盐酸按1∶3混合的液体）、碱金属氰化物及碘化钾溶液等。

中国清代制作的宝石金凤冠（冠高130厘米，黄金重939克，红宝石为18厘米×16厘米、8厘米×6厘米）

2 纯金与K金

明代科学家宋应星在所著的《天工开物》一书中说："金高下者，分七青、八黄、九紫、十赤，登试金石上立见分明"，这是古代测试黄金的方法。黄金首饰千姿百态，绚丽夺目，类别甚多，通常可将其分为纯金和K金。

纯金(Pure或Solid gold)也称为足金，其含金量高达99.99%，世界上绝对纯净的物质很少，多少都含有微量杂质。纯金首饰质软、弹性小，坠落在地上很少会被弹起；纯金能抗任何强酸、强碱腐蚀，在遇腐蚀时色泽不变。

为了使黄金在镶嵌珠宝时保持坚硬、不易脱落和耐磨，常在纯金中添加一些其他金属元素，如铜、银、铂、铱、镉、铝、

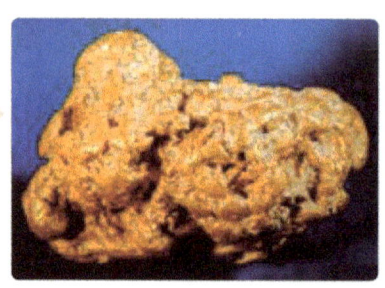

产自中国四川的块状自然金
(3厘米)

铋、锡等，使其硬度大大增加，这种黄金便是K金(Karat Gold)。国际上常用K的数目大小表示含金量，一般分为24K，每K的含金量为4.166%。

以下为不同成色K金各种金属成分含量表。

24K金属纯金首饰，含金量100%(理论值)。色泽金黄，有强烈而柔美的金属光泽，显得富裕而华贵，古今为世人所喜爱，不足之处是硬度低，抗磨性差。

K黄金首饰标准配方简表

成色(K数)	含金量(%)	相对密度(克/厘米³)	金属成分	不同成色K金配方(%)					
				红色	红黄色	浅红色	深黄色	金黄色	淡黄色
24K	99.99	19.32	金					99.99	
22K	91.7	17.65	金		91.7			91.7	91.7
			银					4.2	8.3
			铜		8.3			4.1	
18K	75.00	15.54	金	75		75	75		
			银	25		8	12.5		
			铜			17	12.5		
14K	58.50	13.50	金	58.5			58.5		58.5
			银	7			15		20.5
			铜	34.5			26.5		21
9K	37.5	11.40	金	37.5		37.5	37.5		37.5
			银	5		7.5	11		31
			铜	57.5		55	51.5		31.5

22K 金为含银、铜合金，含金量为 91.7%，颜色呈暖黄色，欧美以此为标准金 (Standard gold) 生产标准金币，硬度略强于纯金。

18K 金含金量为 75%、含银量 14%、含铜量 11%，18K 金的颜色和硬度都可以按需要通过调节银、铜的含量比例而获得，18K 金色泽以冷黄色为主。统计表明，18K 金的色泽、硬度、韧性、价格都深受世人欢迎，所以是目前世界首饰制造业中采用率最高的品种之一。

14K 金含金量为 58.5%、含银量为 10%、含铜量为 31.5%，与 18K 金比较，色泽较深、较美，硬度较大，质地坚硬，价格便宜，是欧美常用的首饰制造材料。

9K 金含金量为 37.5%，含银、铜、锌成分较多，这种含金量较低的所谓 K 金一般不宜用来制作首饰，仅用于生活实用品或日用器皿（如金笔、打火机等）中。

K 白金 (K white gold) 也称为白色系列的 K 金首饰，是指以金与银、铜、锌、镍、钯等材料生产出来的白色 K 金首饰，呈银白色。虽外观酷似铂金，但绝非真正的铂金，而是呈白色的金，常在首饰上标有"WG"印鉴。一般 18K 白金成分是：金 75%，银 10%，锌 10%，镍 5%；14K 白金成分是：黄金 58%，银 22.4%，铜 14.1%，镍 5%。

3 世界黄金产地

世界黄金资源主要分布于南非、俄罗斯、美国，其次为加拿大、澳大利亚、巴西、菲律宾和津巴布韦等国家。世界出产黄金的主要地区有南非的阿扎尼亚，产金量居世界第一位（占 50%），俄罗斯居第二位（占 16%），美国居第三位（占 6%），中国、加拿大居第四位（各占 5%），巴西居第五位（占 2%），还有澳大利亚、菲律宾等国，约占世界总量的 19%。

2012年澳大利亚维多利亚一名业余探矿者意外发现一块重达5.5千克的天然金块,价值约20万英镑(约200万人民币)

中国黄金主要产于山东、河南、黑龙江、吉林、河北和湖南等地。1996年,我国黄金年产量突破120吨,1997年达到150吨,被列为世界五大产金国之一。

铂族金属(Platinum Metals)

铂(Platinum),俗称铂金、白金或真白金。铂族金属包括锇、铱、钌、铑、钯,通常被通称为白金家族。铂在自然界中属稀有元素,元素符号为Pt,在已知元素表中居第78位。铂的性格亲铁疏硫,铂也常与其他铂族元素和铁、镍、铜、银、金等形成金属互化物。

铂虽然是人类认识和开发利用比较晚的一种贵重金属,但传说在4 000多年前,人类就已经知道铂的奇妙性质。在古埃及金字塔中所发掘出来的一个金盒子上方,就装饰有许多细薄的金属片，经化验，其中含有多种铂族元素。15世纪，南美洲的印第安人就知道用自然铂制作饰品，但到了15世纪以后，西班牙殖民主义者对铂仍不甚了解；18世纪，铂传到了欧洲，科学家们经过很长一段时间的研究与实践，才决定了铂的意义和命运。1752年瑞典化学家谢斐尔肯定了它是一种独立的金属，称它为"aurum album"（白金）。1789年拉瓦锡发表他制定的元素表，铂被列入其中。20世纪70年代，全世界铂的年产量为200吨，1990年的年产量超过了300吨，21世纪世界铂的年产量仍不断在递增。

1 铂的天然特性

铂的颜色呈清朗的银白色，有强烈的金属光泽，相对密度为21.46克／厘米^3，硬度4～4.5，比黄金还硬；铂的熔点1 772℃，素有最耐腐蚀金属之称；铂也有良好的延展性，每克铂可拉成500米长的细丝，但能溶于王水。

2 铂金首饰的分类

铂金首饰主要可以分为以下3类。

第一类，纯铂首饰。是指以纯净的铂金为基本材料制作而成的一类铂金首饰。现在国际市场上的纯铂首饰主要是由铂、钯合金材料制成的。钯属于铂族中的一员，元素符号为Pd，呈银白色，具金属光泽，质软，硬度为4.8，相对密度12.02克／厘米^3，熔点1 552℃，有一定的延展性。纯铂首饰的印鉴上必须有"Pt"和成色，如Pt900、Pt950等，意为纯度90%或95%的铂金首饰。

第二类，K铂金首饰。是指铂与其他金属熔炼而成的铂金首饰，这些金属有钯、铑、银、铜、钴等。在K铂金中，18K

铂金含铂 75%，含钯 20%，含银 5%。有时在 K 铂金首饰或铂金首饰上镀上一层铑，以增加光泽和硬度，使之更加洁白生辉。

第三类，仿铂首饰。是指选用颜色、光泽、质地都与铂相似的一些代用金属材料制成的仿铂首饰，达到外观像铂金的似铂首饰。如由金、银、锌、镍等组成的 K 白金（K 白黄金）首饰就是一种仿铂首饰。当然，其他与铂金外观相似的贵金属亦可制成仿铂金首饰。

3 铂金首饰的鉴别

在珠宝店，K 白金（K 白黄金）首饰常被人们当作铂金首饰，如果不加注意便会与 K 铂金首饰相混淆而使消费者蒙受损失。所以，有必要学会如何鉴别其真伪。首先，我们可以用比重法进行区别，即在相同的 K 数下，K 铂金的重量要大于 K 白金，而且 K 铂金的合金成分多为贵重金属，故其比重也比 K 白金大。另外，K 铂金一般标有"Pt"和成色，而 K 白金大多只标成色而不标成分。

4 铂族金属的产地

世界上铂族金属储量一般集中于南非的布什维尔德、德南士瓦，俄罗斯的乌拉尔，加拿大的萨特伯里，美国的蒙大拿州斯梯尔沃特，澳大利亚的维多利亚，哥伦比亚的乔科，日本的空志州等地，总储量 3 万多吨；中国的铂族金属资源很少，其储量不到世界总储量的 1%。

白银(Silver)

　　银(Silver)为贵重金属之一，正因为呈白色或银白色，故素有白银之称。银也是自然金属宝石，为等轴晶系的自然银。早在公元前2000年，叙利亚的大马士革就以制作精巧金银器物、宝石镶嵌而闻名于世；古代缅甸万象的宝石加工业已很发达，金银首饰也盛极一时；15世纪，欧洲就以银铸成银元作为货币流通；银元流入我国后，作为硬通货名曰洋钱、花边钱、洋钿和大洋等；而美洲一些国家流通的大量银元，就是早在16世纪西班牙殖民主义者铸造的。

饰有石榴器皿盖的银钵是欧洲银匠大师弗朗索瓦—托马·热尔曼的工艺精品

1706年俄罗斯制作的帆船形银杯

中国对白银的认识早在《山海经·北山经》中就有记载："少阳之山，其上多玉，其下多赤银"（今指红银矿）；在战国至汉代的出土文物中，就有工艺精良的银项圈、日用银器、银簪、银针等，同时还开始铸造银锭、银饼在社会上流通。我国在魏晋、隋、唐、五代、宋、元、明、清各朝代，银矿开采已遍及全国，银币、银首饰、生活银器的开发迅猛，品种繁多，浩如烟海。

1 银的天然特性

银的颜色呈清丽的银白色，有强烈的金属光泽，相对密度为 10.49 克/厘米^3，具有优良的延展性（仅次于金），每克银可拉延成 1 800 米长的细丝；银的熔点为 961.93 ℃，具有耐高温的特点，沸点为 2 213 ℃；银具有良好的导电和导热性能，化学稳定性较好，银的卤化物具有良好的感光性能，是摄影菲林不可或缺的材料；银易溶于硝酸或热的浓硫酸。

2 首饰银的分类

由于银与金可以互成类质同象，常形成自然银至自然金间一系列不同的矿物亚种，故就其性质的分类也基本一样。

（1）白银首饰　质纯、色白的纯银因其质地柔软，一般只适宜制作素银首饰。如果加入 7.5% 的铜，改变其硬度、增强其韧性便可以制作镶宝银饰，这种银铜合金国际上称之为标准银（Standard Silver）。用此类标准银为材质制作出的首饰，色泽艳美、质地坚韧、挺括耐磨，深受世人喜爱。

（2）仿银首饰　在颜色、质地、光泽方面近似白银的优质材料有两种，均可制成仿银首饰。一种为含铜 60%、含镍 20%、含锌 20% 的合金，制作出来的饰品可近似银色，称为亚银首饰。

一种是含铝、铅、铬、锗合金，此四种金属皆具有银白色外观和金属光泽，性状各具特色，是仿银首饰的好材料，是我国少数民族用于制作仿银饰品的首选材料，同时也深受阿拉伯国家和欧、美等国家人们的喜爱。

白银首饰和仿银首饰尽管区别很小，仿得很真，但也可加以鉴别。白银首饰会打上"S"或"Sterling"的印鉴，而仿银首饰则无；白银不能与硫化合物接触，否则会变灰变暗，而仿银首饰则无此现象；仿银首饰手感轻、硬度大，也容易与白银首饰相区别。

斯里兰卡的银镶石榴子石的汤盆

伍 著名宝石

金绿宝石(Chrysoberyl)

金绿宝石来自于希腊语 Chryso，是金黄色的意思。她是一种铍铝氧化物，颜色常为蜜黄色或黄绿色，被宝石界称之为金绿铍或者金绿玉。金绿宝石有猫眼和变色等奇特的光学效应，是宝石中比较罕见而珍贵的品种。金绿宝石的化学成分为氧化铝铍，又名铍尖晶石，其中含氧化铍 19.8%，氧化铝 80.3%，并常含铁、铬、钛等元素。因微量元素含量不同，可使金绿宝石矿物产生不同的颜色。

1 金绿宝石的天然特性

金绿宝石的颜色很丰富，多为带有金黄色调的蜜黄色、黄绿色、棕色、绿白色、茶色等；透明度为半透明至透明；变色特征表现为，在日光下呈绿和蓝绿色，在灯光下（白炽灯）呈红或紫红色。呈黄褐、黄、黄绿等色的金绿宝石具有从弱至明显的多色性，而多色性的强弱取决于宝石本身体色的深浅。金绿宝石具玻璃光泽，解理不全，呈贝壳状断口；硬度为 8.5，性脆；相对密度为 3.73 克／厘米^3。折射率一般为 1.746～1.755，双折射率为 0.009～0.010；色散 0.015，二轴晶、正光性(2V 为

10°~71°）。金绿宝石在阴极射线的照射下可发出红光或弱浅黄光，在紫外线的照射下可发出弱深红光。黄绿色的金绿宝石在光谱的 445 纳米处有 1 条强吸收线，绿色金绿宝石在光谱的 476.5 纳米处、473 纳米处和 468 纳米处各有 1 条弱吸收线。变石（金绿石的变种之一）在红色谱段的 680.5 纳米、678.5 纳米、655.0 纳米和 649.0 纳米处有 4 条吸收线，在蓝色谱段的 476.0 纳米和 473.0 纳米处有 2 条吸收线。

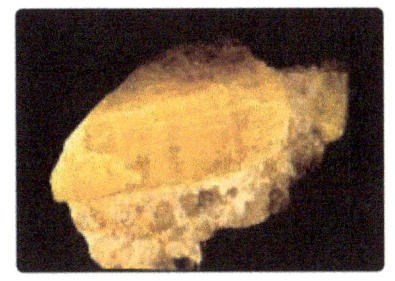

产自中国新疆的厚板状金绿宝石
（Chrysoberyl，3 厘米）

富含铁的黄色、棕色或暗绿色的金绿宝石无荧光，有些淡绿黄色的金绿宝石在短波紫外线下发微绿的绿色荧光。变石无论在长波还是短波紫色光下均发出微弱的红色荧光。

2 金绿宝石的品种及分类

金绿宝石除本身可作宝石外，根据其颜色、变色现象和光学效应以及质地等方面的差异可分为多个品种。

变石（Alexandrite），又称翠绿宝石、亚历山大石。变石是金绿宝石含铬的变种，在不同光源照射下，具有明显的变色效应，故宝石界称之为变石。1830 年，在俄国乌拉尔采出了一些与祖母绿不太一样的绿色矿物晶体，晚上这些晶体竟然成了红色，而这天正值俄国亚历山大王子（即后来的沙皇亚历山大二世）成年之日。因此，人们便把这一奇特的变色宝石命名为亚历山大石。我国宝石界称之为变石。

变石属于斜方晶系，单晶体为短柱状、板状；颜色为黄绿、绿黄、蜜黄、褐黄、绿、翠绿、红、深红等；玻璃光泽、透明至

变石原石，金绿宝石簇系中，另一种有名的现象就是亚历山大石（Alexandite），这是一种白天在日光下呈现绿色，晚上在灯光下又呈现红色的一种变石，也属珍贵宝石

半透明；硬度为8.5，相对密度为3.70～3.73克/厘米^3，折射率1.744～1.770，双折射率0.009～0.011，色散0.015。在查尔斯滤色镜下，可变色成红色；在紫外线的照射下可发出微弱的红色荧光。优质变石在光学性质上有如下两大特点。

第一，强三色性。也就是有强烈的多色性，可呈鲜绿或宝石绿色、橙黄色、红色或淡红色。所以，不同产地的变石在颜色上有所差异，但强色性却不会改变。

第二，变色效应。最为优美的变色效应为在日光下呈祖母绿颜色，在白炽灯下显出红宝石般的红色，故有"晨曦中的祖母绿，夜晚中的红宝石"之美称。只不过这种情况较为少见，因此具有这种变色效应的变石简直太珍贵了。

俄罗斯乌拉尔出产的变石最为名贵，颜色从蓝绿色变为紫红色，并常含类似红宝石的羽毛状包裹体；市场上的变石主要来自巴西的米纳吉斯拉斯；而斯里兰卡的变石则多从纯绿色变为棕红色。此外，津巴布韦、坦桑尼亚也有少量产出。品质好的变石可与祖母绿、红宝石和蓝宝石等价，由于变石十分稀少，所以所有的变石都是非常昂贵的，也都是珍贵的收藏品。

猫眼（Cat's eye），这是具有猫眼效应的金绿宝石的变种。所谓猫眼效应是指在金绿宝石中含有密集平行排列的细管状或纤维状包裹体而造成的一种特殊的光学效应，而变色效应由宝石中所含微量铬元素所致。将这种宝石置于点光源照射下，因包裹体反射作用而在宝石的弧形表面上出现一条细的亮线，即所谓的眼线。这条明亮的眼线可随视角改变而表现为一定的游动性，故又被称为游彩或迁游的光带，其状如猫眼的瞳眸，所以猫眼石一词也就是专指具有猫眼效应的金绿宝石。除金绿宝石外，还有40多种宝石也具有猫眼效应，如锡石、石英、木变石、孔雀石、白铅矿、石膏、磷灰石、锆石、橄榄石、

猫眼（产地为斯里兰卡）

蓝晶石、矽线石、红柱石、石榴石、柱晶石、绿帘石、海蓝宝石、电气石、锂辉石、阳起石、蛇纹石、月光石、拉长石、钠长石、透闪石和丝光沸石等，但除金绿宝石中的猫眼石以外，其他的猫眼石均被称为假猫眼石。所以，具有猫眼效应的其他宝石必须在猫眼之前冠以矿物名称，例如孔雀石猫眼等。

金绿猫眼为金绿宝石的一个名贵品种，同属于斜方晶系，单晶多呈柱状；颜色为绿黄和棕黄、褐黄以及淡黄、灰黄、黄绿色等；玻璃光泽，半透明至微透明；硬度8.5，相对密度3.70～3.73克/厘米^3，折射率1.744～1.770，双折射率0.009～0.011，散0.015。斯里兰卡出产的金绿猫眼宝石品质最佳，有时可出现3条光带。世界上出产金绿猫眼宝石的国家主要有斯里兰卡和巴西，印度、缅甸、刚果民主共和国、津巴布韦、马达加斯加、芬兰、美国等也都有金绿猫眼宝石发现。

金绿宝石颜色多带金黄色调的蜜黄色、黄绿色、棕色、绿白色和茶色等

金绿宝石（Chrysoberyl），这里是专指宝石级的金绿宝石，也就是将不具有任何光学效应的金绿宝石矿物加工后的宝石。她的颜色一般呈浅黄色、棕黄色、绿色或褐色，含铬而成翠绿色者则称为翠绿宝石。金绿宝石的包裹体有指纹状包

裹体、两相（原生状或次生状）或三相裹体、针状金红石或细管，还可见到纤维状包裹体及生长纹等，对此类宝石来说，任何琢形皆可采用。金绿宝石的颜色与某些绿柱石、偏黄的橄榄石类似，光泽趋强，而折射率、相对密度与绿柱石则完全不同。一种浅黄色的金绿宝石与黄色蓝宝石极为相似，但两者相对密度有所不同。宝石级的金绿宝石大多数来自冲积砂矿，主要产地有巴西、斯里兰卡、印度喀拉拉邦南部、马达加斯加、津巴布韦、赞比亚和缅甸等国。

一颗与"希望"钻石同名的金绿宝石堪称金绿宝石之最，19世纪同样被英国银行家霍普(Hope)所收藏。这是一颗超一流的金绿宝石，雕琢得像一块多面体的钻石。这块罕见的金绿宝石透明度极佳，闪闪发光，漂亮得几乎完美无缺，堪称举世无双。1962年在巴黎卢浮宫展出后震惊世界，目前被收藏于美国华盛顿史密生博物馆。

翡翠(Jadeite)

绿色的翡翠，仅以她这一漂亮名字就足够诱人的了。20世纪30年代著名诗人徐志摩，也曾把意大利的古都佛罗伦萨翻译成翡冷翠(Fiorence)，那是因为翡冷翠更富有诗意，更富有色彩。

翡翠是一种多矿物组成的玉石，欧美人称之为皇家玉(Imperial jade)。在中国古代，翡、翠被认为是两种羽毛丰满而美丽的鸟。翡，为赤羽雀；翠，为绿羽雀，两鸟并称为翡翠。

极品翡翠手镯

　　翡翠，东方人对她特别钟爱，这是因为从清朝开始，朝廷上下就都喜欢这种翠绿色的玉石，从而使这种皇家翠绿成为中国人最期望拥有的玉石了。慈禧太后喜爱皇家玉的程度远远超过对光彩夺目的钻石花冠的喜爱，也是因为翡翠是饰品中的华贵一族。

　　从翡翠的色泽上来看，所谓"翡"，是指翡翠中由浓渐淡的红色；所谓"翠"，则是指翡翠中由浓至淡的绿色。翡翠是一种以硬玉为主要矿物成分的岩石，伴有闪石、长石类矿物组成的集合体（硬玉岩）；因硬玉是一种辉石类矿物，故也有些地区称翡翠为辉玉。

1 翡翠的天然特性

　　翡翠颜色给人的感觉是晶莹润泽、苍翠欲滴；被人们称之为"满绿高翠"的翡翠则更是难得的珍品，而人们通常见到的翡翠大多是白色、灰白、灰绿、淡绿和淡紫色等。翡翠具有珍珠光泽和玻璃光泽，硬度为 6.5～7，相对密度为 3.24～3.42 克／厘米^3；质地致密、细腻、坚韧、光洁,半透明至不透明;折射率1.66～1.68,双折射率一般为0.020;多色性不明显。颜色不太深的半透明翡翠在光谱的437纳米处有1条吸收线,鲜绿色翡翠在光谱的630纳米处、650纳米处和660纳米处出现3条梯状绿色吸收线,天然绿色翡翠在查尔斯滤色镜下不变色。

用强光灯检测翡翠原石

镶有碎钻的绿色翡翠胸针

2 翡翠的种类

综合国内外宝玉石学以及对翡翠的研究成果,按翡翠的物质组成、结构及构造、质地、工艺特征等方面的差异,可对天然翡翠进行如下分类。

(1)按翡翠原石产出状态分

老坑料　是指在自然外力作用下翡翠原石经风化破碎、流水搬运而堆积在低坡和河谷中,表现为自由而随形、方润而圆浑并饱经水流侵蚀、氧化,具有透明度好(俗称水头长)、颜色深绿、质地温润的特点,俗称籽料,在饰品市场上广受人们的喜爱。

筋绿料　又称金绿种,颜色呈中深绿色,有筋绿纹路隐现。

新坑料　是指未经任何搬运作用,被开采出的原生矿石,颜色呈鲜绿色,透明度一般(俗称水头短),亦称山料。

以上3种尚属沿袭传统的分级标准,也就是所谓翡翠玉的高级品。

（2）按翡翠的颜色分

绿色翡翠 绿色对翡翠来说是最为重要、最为珍贵的，浓艳、纯正的翠应愈绿愈好，被人们称为高翠的翡翠是人们梦寐以求的。

红色翡翠 这里是指红翠，呈红、淡红、红褐或褐色等，多产于老坑种料外层，一般愈红愈佳，但纯红者极罕见。

紫罗兰色翡翠 所谓紫罗兰翡翠是一种略带微灰紫的藕粉色翡翠。当然，还有淡紫色、浓紫和深紫均较珍贵。

黑色和黑褐色翡翠 其"外皮"比较深暗，但内部却能绽出浓艳的翠绿色。

白色翡翠 这是一种呈白色、浅灰白、淡绿白色或无色的翡翠，多为半透明，质地致密、细腻、坚韧、光洁，有时也可见到辉点状其他艳色。质优者透明度很高。

福禄寿翡翠 这里是指红、绿、紫同时出现在一块翡翠上（行家也称之为"三彩"）。历来，人们将其冠以"桃园三结义"之美称，极为罕见。

人们选择翡翠时应掌握四大原则：品位（质地与透明度），成色（净度与瑕疵），造型（形状与雕工），观赏（色泽与内涵）。其中，影响价格最大的因素是色泽，若颜色不娇嫩，其他条件再好，价格也高不上来。

有了好颜色、好质地、高透明度而多水色，再加上内部无瑕疵、无裂纹、无杂质、无微点，再有上好的雕工，这类翡翠才算得上"上品"，当然价格也将十分昂贵。

福禄寿翡翠手镯

3 翡翠的产地

天然翡翠资源的形成和产地，受特定的地层、岩石、构造、岩浆、地貌及地球化学等条件所控制，所以优质的翡翠资源在地球上分布仍然很少。世界上出产翡翠的国家主要是缅甸，其次是俄罗斯、美国、危地马拉、巴西、哥伦比亚、新西兰、中国和日本。

缅甸翡翠主要分布于北部地区，也就是孟拱西北的乌尤江地区。

俄罗斯翡翠主要产于叶尼塞河支流的卡塞卡拉克翡翠矿点和乌拉尔的列沃—克奇佩利翡翠矿床，以及沃尔摩塔市以南 30 千米处的矿点。

美国翡翠主要分布于加利福尼亚州的克列尔克里克翡翠矿

翡翠猪彝（26厘米×22厘米×29厘米） 彝，古代盛酒器，选用缅甸翡翠精心雕制而成，工艺极为精致

点和旧金山翡翠矿点。

危地马拉翡翠主要分布于麦塔河谷、塔尔普罗格雷素省曼济纳尔村附近矿点，在原生翡翠岩体附近冲积层中有大量的翡翠卵石，在麦塔高河床中则发现有重达100千克以上的翡翠漂砾。在附近的考古发掘中，还发现有属于玛雅文化的翡翠制品。

巴西翡翠主要产在米纳斯吉拉斯州的矿点。中国主要在西藏与缅甸北部相接的东南部边境发现有翡翠矿点，在青海、甘肃、云南等地则发现与翡翠相似的硬玉矿石。

由于翡翠的来源有限，而市场需求量较大，身价当然日趋上升。20世纪以来，翡翠业已成为中国人最喜欢的宝玉，所以欧美人士并不称翡翠为缅甸玉，而是称为中国玉。翡翠之所以被冠以"玉石之王"而扬名天下，应与博大精深的中国传统文化有关。世界上中国人聚集的地区包括欧美各地的唐人街，只要是炎黄子孙，都将翡翠视为与钻石一样珍贵的宝石。

和田玉（Hetian jade）

和田玉属软玉，是由区域变质作用形成的，产于变质岩中。我国的软玉以新疆和田地区所产的为最佳，所以人们习惯地称之为"和田玉"。如果从历史渊源、分布特点和产出状况等方面看，人们也常将其称之为"昆山玉"，这也是因为它是产于新疆昆仑山的软玉的古称。这是中国最重要的名玉之一。

1 和田玉的历史渊源

中国对和田玉（昆山玉）的发现、认识和开发利用具有光辉灿烂的文化和悠久的历史：除新疆若羌罗布淖尔出土有新石器时代的玉斧、陕西神木石峁龙山文化遗址出土有用墨玉、青玉制作的镰刀及玉斧等以外，相传虞舜时代曾居住在昆仑山一带的西王母娘娘也曾亲赴中原献上美丽的白玉环。《山海经·西山经》则记载了："黄帝乃取峚山之玉荣，而投之钟山之阳。瑾瑜之玉为良，坚栗精密，浊泽而有光。五色发作，以和柔刚。天地鬼神，是食是飨。君子服之，以御不祥。"其中的"峚山"、"钟山"，即指的是新疆的昆仑山、密尔岱山，于阗南山。在河南安阳殷墟则发现了十分精美的青玉簋。

自古以来，新疆天山之南昆仑山等地所出产的玉石，都要经过扼天山南北的门户输入内地，它的根据地，就在今之甘肃西北重镇——玉门。玉门这一响亮的地名即由此而来。

（1）古叶尔羌的玉矿　据陈性的《玉纪》载："玉多产西方，惟西北取之和阗，叶尔羌所出为最，其玉体如凝脂，精光内蕴，质厚温润，脉理坚密，声音洪亮。产水底者曰'子儿玉'，为上；产山上者名'宝盖玉'。"现今位于莎车县的西南约120千米的叶尔羌上游塔什库尔干则是昆仑山北麓西边出产原生玉石的重要矿区，它分布有前寒武纪片岩，富含软玉的岩石为蛇纹石，硅灰石，透闪石化大理石。

古代的叶尔羌城即现今的莎车县。叶尔羌河古称玉河，上游的一些地方曾是玉石的重要产地。

和田籽玉（又称子儿玉）

（2）古密尔岱的玉矿　据

随玉河水从昆仑山直淌下来的许多玉石，就堆集在玉河岸边

清代洪亮吉的《昆仑山释》记述："疑所谓密尔岱、于阗南山皆是。"密尔岱旧称辟勒山，亦作辟尔山。在《西域闻见录》称："米尔台搭班（指密尔岱山）遍山皆玉，玉色不同。然石夹玉，玉夹石。欲求纯玉无瑕，十至千万斤者，则在绝高峰上。"又述："密尔岱，山峻三十余里，四季皆雪，谷深六十余里。山三成：上成者麓，下成者颠，皆石也；中一成则琼瑶函之。弥望无际，故曰'玉山'。古代采坑甚多……"

（3）古于阗与和田玉矿　于阗又称于寘，为古西域国名，其辖地相当于现今的墨玉、和田、洛浦、策勒等县地。和田玉资源丰富，山上有蕴藏量多的原生玉矿，河流里也有开采方便的玉石（籽料）矿。《汉书·西域传》记载："于阗之水……河源出焉，多玉石"。原来随那神圣的玉河水从昆仑山直淌下来的许多玉石，就堆集在岸边，在水稍退时，人们就急忙去河滩中把玉石搜集起来。

2 和田玉的天然特性

如果把玉石按白玉、青白玉、墨玉的颜色划分，和田玉的颜

墨玉

白色的和田玉

色就更加丰富了，其中比较重要的和常见的颜色为白、青白、黄、黑色等，颜色光亮而鲜艳是和田玉一大特色。随着玉石颜色的加深，其化学成分呈现出一定的变化规律，因其成因及品种的不同也会有差异。现知比较普遍的多含有锰、铋、铍、铜、铅、铬等矿物元素，而墨玉含有镍，白玉、青玉则含有锡。和田玉的矿物成分除透闪石和阳起石外，其他伴生矿物有透辉石、斜黝帘石、磷灰石、磁铁矿、榍石、绿泥石、铬绿泥石、铬尖晶石、钙铬榴

和田玉微量元素含量简表

含量(%)\微量元素\玉种	锰	铬	镍	铜	铅	锡	铋	铍
白玉	0.1	—	—	0.04	—	—	>0.01	0.001 5
羊脂白玉	0.05	—	—	—	—	—	>0.01	0.000 5
白玉	0.1	—	—	<0.01	<0.001	—	>0.01	0.001
白玉	0.01	—	—	—	—	<0.001	—	—
青白玉	0.05	<0.01	—	0.1	—	—	>0.05	0.001 5
青白玉	0.07	—	—	—	—	<0.001	>0.05	0.001 5
青玉	0.1	—	—	0.04	0.005	—	>0.01	0.001
青玉	0.07	—	—	—	—	—	>0.01	0.002
青玉	0.05	—	—	—	—	—	>0.01	0.002
墨玉	—	—	<0.005	<0.01	—	—	—	0.001

石、针镍矿、磁黄铁矿、石墨以及独居石等。其中，羊脂白玉的透闪石含量可达99%。

和田玉的玉石显油脂光泽、玻璃光泽；微透明至半透明，极少数透明。折射率1.606～1.632；双折射率0.026。硬度6～7（白玉6.7，青玉6.5，青白玉6.6等），相对密度2.9～3.3克／厘米^3。质地致密细腻、坚韧。经X线粉晶进行分析表明，白玉、青玉、青白玉等的数值基本相同，只是在400厘米$^{-1}$处峰较强，青白玉各峰值亦基本上与标准软玉相同，只是400厘米$^{-1}$峰弱为肩。青玉与标准软玉的不同之处是在310、400、600厘米$^{-1}$峰弱为肩。

3 和田玉的主要品种和鉴别

根据玉石的成因、产出状况、表面特征等因素，和田玉一般分为：籽玉、山流水、山玉等3个类型；根据质地、色泽等因素又可分为：白玉、青玉、青白玉、墨玉、花玉等品种。有的品种可根据色泽的差异作进一步划分。

和田玉分级简表

品种	等级	质量要求
白籽玉	特级	羊脂白色，质地细腻，无绺，无杂质，块重8千克以上
	一级	色洁白，质地细腻，无碎绺，无杂质，块重3千克以上
	二级	色洁白，质地细腻，无碎绺，无杂质，块重0.5千克以上
青籽玉	一级	色泽青绿，质地细腻，无绺，无杂质，块重10千克以上
	二级	色青，质地细腻，无碎绺，无杂质，块重2.5千克以上
白玉山料	一级	色洁白，质地细腻，无绺，无杂质，块重3千克以上
	二级	色洁白，质地细腻，无碎绺，无杂质，块重3千克以上

(1) 白玉可分为 羊脂白、梨花白、象牙白、鱼肚白、鱼骨白、糙米白、鸡骨白等。

(2) 黄玉可分为 密蜡黄、栗色黄、秋葵黄、黄花黄、鸡蛋黄、米色黄、黄杨黄等。

(3) 墨玉可分为 乌云片、淡墨光、金貂须、美人鬓、纯漆墨等。

和田玉与其他玉石的区别在于物质成分（化学成分、矿物成分）、形态、色泽、质地、硬度、相对密度、产出状况和分布特征的不同，鉴别时要从各个方面进行综合性观察。有时肉眼观察往往无效，只有借助于仪器设备、方可进行鉴别。

4 和田玉的资源分布

（1）昆仑山北部地区的和田玉资源 在昆仑山北部，西部邻接帕米尔的塔什库尔干，中经莎车、叶城、和田、于阗；东至罗布泊西南的且末，和田玉矿带绵延1 100千米处都有玉矿矿点发现，有20余处矿点可供开发。

昆仑山北部是和田玉的重要产区

和田玉痕都斯坦花瓶

（2）和田——于阗地区的和田玉资源　和田——于阗地区的和田玉资源大致位于东经 78°～82° 之间。昆仑山北部前震旦纪隆起的两侧，已知和田玉矿床矿点、矿化线索 10 多处；分布于桑株塔格南坡、卡浪古塔格以及柳什塔格的主峰一带。

（3）且末——若羌地区的和田玉资源　且末——若羌地区的和田玉资源在已知的和田玉矿床中，主要分布于且末县，这里共有三处，另有一些古代开采过的矿点或现今的玉矿线索。它们均分布在阿尔金山西段北坡，地处海拔 3 500～4 500 米的高山地带。

（4）阿尔金山地区的和田玉资源　阿尔金山地区的和田玉产于华力西晚期中酸性侵入体与前寒武纪镁质碳酸盐类岩石的接触带及其附近。在大地构造上侧位于昆仑山地槽褶皱带阿尔金山断块上。

玉雕作品《鱼篓》

珍珠(Pearl)

珍珠是生物成因的宝石，正因为其特殊的形成条件，更彰显出与众不同的洁白清丽、精巧浑圆、珠光宝气和神秘色彩。她不需要任何雕琢加工就可以成为一件美丽动人、令人赞叹的时尚艺术品。自古以来，她一直是珠宝首饰中的佼佼者。

珍珠给人以健康、长寿、纯洁、幸福，并象征着富裕、豁达、家庭和睦、生活美满、连年有余、富贵平安的精神寄托，作为结婚30周年的纪念信物，珍珠始终是人们喜爱的宝物。

1 珍珠的形成及成分

当外来物体通过自然进入或者外来侵入以及人工植入等方式，进入到珠母贝属软体动物的外套膜时，外套膜因受到了异物（砂粒、贝壳碎片、寄生菌等）刺激，在其周围便会不断分泌出珍珠质并不断积累，层复一层地将异物包裹起来，待珍珠质固化后，便形成了具有"年轮"状的同心层构造，最后便发育成一粒完整的珍珠。

珍珠有天然珍珠、养殖珍珠两种；按生成环境有海产、河产之分，若依珠母贝之不同，又可分为蚌珠和蛤珠。

(1) 天然珍珠(Natural Pearls) 天然珍珠是在没有人为干

预的痕迹下，在自然环境中自然生长的珍珠，传统上称其为真珍珠或真珠。天然珍珠又可分为海水珍珠和淡水珍珠两大类。海水珍珠形成和分布于海洋中，故又称为咸水珠；淡水珍珠则形成于江河、湖泊等淡水之中。天然珍珠的形成可说是一种巧合，一般认为，砂粒进入牡蛎（贝壳）中，慢慢地便孕育成珍珠。其实，较多见的是，许多贝类为了争食而形成戳斗，或者纯属偶然，使水底一些贝壳类的残片、碎片进入到贝类中，最终形成了色泽圆润的珍珠。这是天然珍珠形成之一般规律，从中可窥见天然珍珠的形成也不是那么简单的，因此她的贵重感也就不言而喻了。

菩萨形珍珠

天然珍珠一般呈米灰色偏白色，或者米黄色偏白色，也有的呈珠光银灰或珠光黄色；在阳光折射下，因含有朦胧的玻璃光泽而显得珠光宝气，有的珍珠还带有粉红色或其他颜色的晕彩。

（2）养殖珍珠（Cultured Pearls） 目前，世界珠宝市场上的珍珠，大多是人工养殖珍珠。而在养殖珍珠中分为有核养殖（Nucleated Cultured）和无核养殖（Nonnucleated Cultured）2种。其中，有核养殖珍珠占了较大的部分。有核养殖珍珠所植入核的直径一般为1～4毫米，有的直径可达6～7毫米，甚至8毫米，如澳大利亚的南洋珠即属这种类型，有核养殖珍珠始于日本的琵琶湖。市场上的无核养殖珍珠均是淡水珍珠，因而世界珠宝市场上，往往把无核养殖珍珠称为淡水珠。无核养殖珍珠的特点很多：从形状方面来看，一般不十分接近球形，而不同程度地趋于蛋形；从颜色方面来看，略呈现银白色，若与澳大利亚银白色珍珠相比较，澳珠的银白色较偏暖色调，而无核养殖珍珠的颗粒显得较小，最大成品珠的直径也不过 6～7 毫米，俗称米珠。

天然珍珠和养殖珍珠最大的区别就在于珍珠层的厚薄。将一颗天然珍珠与一颗养殖珍珠置于 X 光下观察，就会发现天然珍珠里里外外通体都是"珍珠"，但养殖珍珠是以贝壳类为核，外面仅裹了一层薄薄的珍珠层，似乎缺乏天然珍珠那种沉厚的、富有灵气的色泽。

珍珠既然是珍珠贝新陈代谢的产物，除含有大量无机成分以外，还含有一定量的有机成分。

珍珠既是人见人爱的贵重宝石，又具有一定的药用价值。慈禧太后深知珍珠能养颜，使人延年益寿，因此她的一生吃了许多珍珠，珍珠的药用作用是因为珍珠中富含人体所必需的氨基酸。珍珠所含的有机物主体是，由珍珠贝类外套膜细胞所分泌出的角质蛋白（又称壳角蛋白或固蛋白），这种角蛋白在碳酸钙结晶体之间起着"凝固"或"黏结"作用。如果将这种角蛋白分解，就可以得到 10～20 种人体所必需的氨基酸。

珍珠的主要无机成分是碳酸钙（82%～92%）和少量的碳酸镁，含水约 4%。除此以外，许多珍珠还含有微量的钾、钠、锂、铁、锰、镁、锌、铜、镍、铬、磷等元素。海水养殖的珍珠和淡水养殖的珍珠的基本组成和化学成分应大致相同，差别在于海水珍珠中钠、镁、锰、钾、钡、锶、硫的含量要高于淡水珍珠，而淡水珍珠中的铁和铝的含量要高于海水珍珠。

2 珍珠的类型与品质

人们在珠宝店陈列橱内所见到的各种琳琅满目的珍珠大多数是圆球形的或是眼泪形、梨形、米粒形的，实际上，这些珍珠都是经过精心筛选而取得的。绝大多数的珍珠是呈不规则形的，因而浑圆的自然珍珠就特别少。相反，由于养殖珍珠技术的不断创新和改进，所以品质也愈来愈高，深受人们的欢迎。

研究人员根据天然珍珠的各种特点，将其进行如下分类。

（1）按形状差异分　可分成为蛋形珠、梨形珠、桶形珠、钮形珠、米粒珠、六分珠、扁圆珠、本庄珠、半形珠、纺锤珠、翼形珠、草莓珠、馒头珠、贝附珠、瑰形珠、羽形珠、泪形珠、椭形珠、李形珠、犬牙形珠、美人湖珠等20余种。由于人们在珠宝店里看到的都是圆形珍珠，故总认为天然珍珠就是十分圆润的。实际上，珍珠的形状是千姿百态的，而圆形是珍珠最理想的形状，若再具有颜色洁白、圆度极高、光泽强、皮紧、质地细腻的特性，则是珍珠中之最上品，被称为精圆珠。

（2）按颜色差异分　天然珍珠的颜色由体色、伴色两部分组成。体色相当于色彩学上的固有色，伴色相当于色彩学上的条件色，伴色重叠于体色之上。在比较柔和、漫射光线下进行观察，体色所反映的是本质的颜色，很容易看清楚；当光源适当增强时，伴色就会从珍珠光面的反光中显示出来，也就是环境色加上珍珠所含的某些"固有"元素会综合原来的本色，多层面地显现出来，使其色彩更显得醇厚而丰富。

通常，天然珍珠按体色差异，可分为以下3类。

浅色珠　其体色以白色为主，也可隐约见到粉红、米灰或浅蓝色调。粉红玫瑰色珍珠的体色为粉红色，伴色为玫瑰色；奶油玫瑰色珍珠的体色为奶油色，伴色为玫瑰色。奶油玫瑰色珍珠比奶油色珍珠更显富丽华贵，其璀璨的珠光非常罕见难得。

彩色珠　这种珍珠体色十分明显，也十分丰富，如呈浅至中等的微黄、微绿、微蓝、淡紫罗兰、灰等色，颜色比浅色珍珠的色彩感觉较醇厚。有些珍珠还含有浓

用148粒白色珍珠做成的珍珠鞋

翡翠珍珠项链

淡不一的两种体色，也就是所谓的二色珍珠或双色珍珠，人们喜爱她，并称之为色彩上的鸳鸯珍珠。

黑色珠　是一种罕见的珍珠，黑珍珠要求颜色要深，其中深黑、深灰、深蓝、深绿、紫灰色都归属于黑珍珠之列。在黑色珍珠中，如果有一些金属伴色，则价值更高，更能显露其高贵典雅。天然的黑珍珠产量并不高，黑色养殖珍珠则多来自太平洋波利尼西亚（Polynesia）环礁及珊瑚群岛的塔希提岛（Tahiti），产量占全球的95%。还有产自库克群岛、彭林岛和马居希基岛，所产黑珍珠统称为南洋黑珍珠；中国台湾澎湖湾地区的养殖黑珍珠也已获得成功。

世界各地对珍珠色泽的喜好都有所不同，不过玫瑰色、伴有金属色泽的铁黑色和孔雀绿显然是比较受宠的颜色。西方人士，包括北欧、西欧、北美、中南美洲人士都十分喜爱奶油玫瑰色或泛白的玫瑰色、粉红玫瑰色混合奶油色的被称为孩儿面或美人醉色调，将其形容成胭脂般的朦胧而妖艳的色彩。

（3）按产地地区分　我们居住的地球有三分之二都被海水覆

盖，每一块陆地，从广阔的欧亚大陆到太平洋岛屿，都拥有自己的海岸，而海岸是水中生物的栖息环境；河川也是如此，是淡水生物的栖息场所。这些地方给珍珠贝类提供了良好的生长环境，故世界著名的海域以及河流，大多出产珍珠。按产地不同，珍珠可分为以下4种。

西珠 一般指产于欧洲或西方的珍珠，或叫西洋珠。

东珠 一般指产于亚洲或东方的珍珠，但也有人认为东珠是指日本珠（东洋珠）和我国东北地区所产的珍珠。

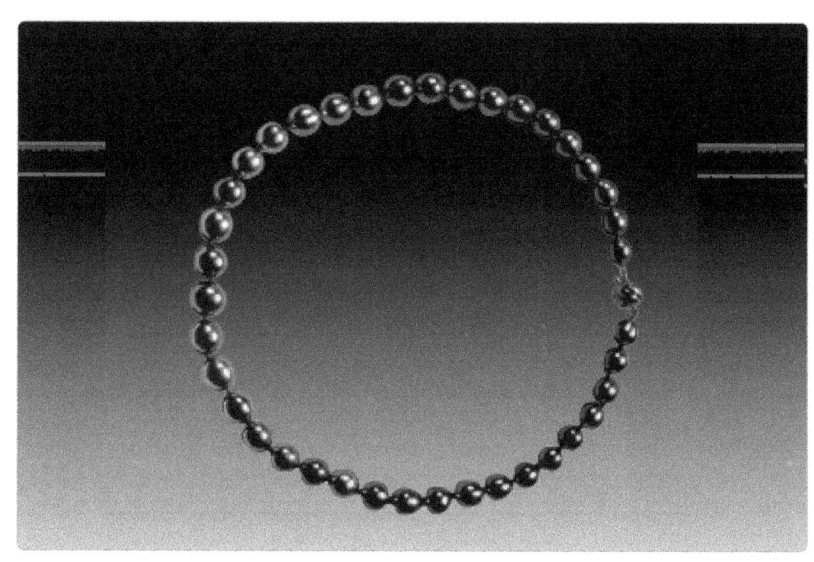

黑色珍珠项链（珍珠直径10毫米）

南珠 一般指产于中国广东、广西（北海、合浦）或北部湾等海域珍珠的总称。另有产于西太平洋群岛密克罗尼西亚、中太平洋群岛波利尼西亚、南太平洋塔西堤岛的珍珠（黑珠）亦称南部海珠。

北珠 一般指产于我国东北地区的珍珠（东珠），历史上，尤其在宋代和金代，称之为北珠。另有属于北欧波罗的海地区和北美加拿大各水域产的珍珠亦称为北珠。

有一种出产于松花江、鸭绿江的东北珍珠，因其品质优良，在我国清代被奉为国宝。至于产于日本、波斯湾、印度与斯里兰卡之间的马纳尔湾、巴拿马、墨西哥、委内瑞拉、澳大利亚的珍珠，其品位之高也深受人们喜爱。

3 珍珠的珍藏与保养

珍珠的化学成分主要是碳酸钙，加上质地软、硬度不高（摩斯硬度只有3），故抗压和耐磨性能都不高，是比较难伺候的宝石之一。在佩戴珍珠时应特别小心，并注意保护和保养。做比较粗重的工作或家务时，最好少佩戴珍珠首饰；夏季易于出汗，在珠饰佩戴完毕取下后，不妨小心打理一下。珍藏珠宝首饰时应妥善放置于软质材料（比如天鹅绒等）为内壁而制作成的首饰盒，不可将珍珠首饰与硬度较高的宝石首饰或金、银等贵重金属首饰混合珍藏；珍珠十分怕与酸性物质接触，珍珠约含4%的水、有机成分约4%，所以也不太适合在强烈的阳光下曝晒。为此，在日常生活中珍珠的保养收藏需做到以下几方面。

第一，勿与酸性高、足以溶化污染珍珠的物品，如橙汁、葡萄汁、酱醋、油盐等接触，避免使珍珠腐蚀、溶解而失去应有的光泽和灵气。

第二，勿与清洁剂、苛性碱、漂白剂、稀盐酸等物接近。

第三，勿与油漆、墨水、油脂、酒精、汽油、涂改液等物接触。

第四，勿与洗发水、护发素、染发剂、香水、樟脑丸等物接触。

第五，珍珠层遇酸会缓慢溶解，表面会产出微小的凹凸状，经过光线的照射产生相互反射，使人看起来茫茫亚白而无光泽，所以珍珠避酸极为重要。

第六，珍珠不能接触高温和遭受曝晒，以防遇热受损、氧化变黄。珍珠佩戴完毕可用清淡肥皂水洗涤，再用清水漂洗，然后用柔软织物擦拭干净并晾干。晾干时不宜悬挂，以免串珠绳线松弛。最后应放置于专门的首饰盒中珍藏。

当你发现珍珠开始失去原有光泽而变深、变黄时，那就必须按上述方法进行防护与保养，只要维护得法，不但能长期保存，供几代人佩戴，而且还能使珍珠润泽的色彩长久永恒。

石榴子石(Garnet)

石榴子石又称石榴石、子牙乌或紫牙乌，在阿拉伯语中，牙乌含有红宝石之意。石榴子石的颜色和形态与石榴的籽很像，所以人们形象地称其为石榴子石。石榴子石不仅是一种很好的红宝石替代品，红颜色的石榴子石大而廉价，可以弥补红宝石体小价昂之不足。石榴子石中还有一种呈绿色的沙弗石(Tsauorite)，也十分美丽，且身价不低。石榴子石是一个大家族，根据化学成分的差异可分为多品种；她以强玻璃光泽、高折射率以及自身所具有的美丽颜色而令人折服；当今，石榴子石亦成为世界上的名贵宝石之一。

1 石榴子石的天然特性

石榴子石是具有相似晶体结构的一组常见硅酸盐矿物，广泛存在着类质同象，其化学成分极为复杂。现基本上将石榴子石分为2类：一类为铝石榴子石系列，包括镁铝石榴子石、铁铝石榴子石、锰铝石榴子石等；另一类为钙石榴子石系列，包括钙铝石榴子石、钙铁石榴子石和钙铬石榴子石等。

产于中国新疆黑云母石英片岩中的锰铝石榴子石（3厘米）

石榴子石属等轴晶系，晶体结构比较紧密。单晶体常为菱形十二面体（如钙系石榴子石）、四角三八面体（铝系石榴子石）或此两者的聚形，集合体为粒状、晶状、致密状等。

石榴子石的颜色非常丰富，有红色、深红、紫红、褐红、暗红，黄橙、绿及黄绿、翠绿、褐、棕黑、黑色，还有一种甚至为无色。在查尔斯滤色镜下，翠石榴子石则成亮红色，而其他的红色石榴子石则显暗红色；为透明至半透明，具玻璃光泽或油脂光泽，也有呈亚金刚光泽；石榴子石的硬度为 7～8，相对密度为 3.50～4.20 克／厘米^3；石榴子石折射率为 1.370～1.889，色散 0.024～0.057；有的石榴子石具变色效应，有些铁铝石榴子石可显星光效应。多数石榴子石在宝石喷灯火焰下可熔化，只有钙铝石榴子石几乎不熔化；将钙铝石榴子石浸在浓酸中可发生化学反应，其他石榴子石则无此反应。

2 石榴子石的主要品种

根据石榴子石的物质组成、宝石特征、产地及产出状况，可将宝石级石榴子石分为下述5种主要品种及亚种。

（1）红石榴子石(Pyrope) 即镁铝石榴子石，来自希腊文"Pyropos"是火一样的意思，化学成分为镁和铝的硅酸盐，呈赤红或红中带褐的颜色，等轴晶系；折射率1.746，硬度 7～7.5，相对

公元前15世纪制作的镶满了石榴子石的项链扣钩（长8.9厘米）

密度3.65~3.90克/厘米^3，显玻璃光泽，有的具有金刚光泽；透明至半透明，吸收光谱在576纳米、527纳米、505纳米处有3条宽的吸收带。含稀疏的针状金红石包裹体，平行于菱形十二面体的晶体排列，有的常含大颗粒浑圆粒状包裹体。世界上宝石级红石榴子石（镁铝石榴子石）主要产于前捷克斯洛伐克，有波希米亚红宝石之称。一些极佳的产品常出现在南非钻石矿区，如DeBeer, Kimberly，有产自美国亚利桑那州或墨西哥地区的红石榴子石原石，常被磨成圆形或小片形，其品质非常优异，但都比较小，重量很少超过2克的。

（2）贵石榴子石（Alniandine 或 Almendite） 即铁铝石榴子石，来自拉丁文"Alabandine"，又被称为紫牙乌，化学成分为铁和铝的硅酸盐，颜色呈暗红带褐色，或呈赤红带紫、带黑色，等轴晶系；折射率1.790，硬度6~7.5，相对密度3.95~4.20克/厘米^3，显玻璃光泽，有的具金刚光泽，透明至半透明；吸收光谱在黄区（576纳米）、绿区（527纳米）、蓝绿区（505纳米）有3条宽的吸收带，在蓝区或橙区有1条或几条弱的吸收线。单晶体常为菱形十二面体及四角三八面体，集合体为粒状；含有较稀疏的针状、平行于晶体方向的两组金红石包裹体。当这些针状包裹体内含物稠密地分布于整个宝石内部时，就可以表现出四射或六射星彩效应。不过，贵石榴子石的星彩效应仍比不上星光蓝宝来得好。世界上宝石级的贵石榴子石主要分布在印度、斯里兰卡、巴西、澳大利亚、美国、意大利、坦桑尼亚、津巴布韦和马达加斯加等国。

（3）钙铝石榴子石（Grossular）　来自拉丁语"Resem-bling a Gooseberry"，有绿色的水果的含意，化学成分为钙和铝的硅酸盐。大多数系不透明浅绿或玫瑰红晶体，为浅至深黄或浅至深绿色，等轴晶系；折射率为1.735～1.770，硬度为7，相对密度3.61克/厘米^3；呈强玻璃光泽，透明至半透明。铁致色石榴子石可有407纳米、430纳米吸收带。钙铝石榴子石内部含有大量短而粗的圆柱形包裹体，常具有较好的晶形，如透辉石、磷灰石或锆石等。单晶体为菱形十二面体、四角三八面体或为二者的聚形，在矽卡岩中则常为致密块状集合体。世界上生产宝石级钙铝石榴子石的国家有南非、坦桑尼亚、肯尼亚、马达加斯加、前捷克斯洛伐克、美国、加拿大和墨西哥等。

（4）锰铝石榴子石（Spessartine）　为石榴子石宝石中的重要品种之一。锰铝石榴子石化学成分为锰和铝的硅酸盐，颜色为红、橙红、棕红、玫瑰红、浅玫瑰色，其中以橙红、橙黄为最美；折射率1.790～1.851；硬度7～7.5，相对密度4.21～4.19克/厘米^3，显玻璃光泽，有的具金刚光泽，透明至半透明。吸收光谱在紫区432纳米处有1条非常强的吸收带，另在光谱的短波一侧有2条强吸收带，在蓝区和蓝绿区还可以见到3条较弱的吸收带。单晶体为菱形十二面体及四角三八面体，粒径较大，晶面条纹发育；含有波状、羽状的气液或液体包裹体。世界上出产宝石级锰铝石榴子石的国家有巴西、美国、俄罗斯、瑞典、缅甸、斯里兰卡和纳米比亚等。

透明至半透明的锰铝石榴子石（Spessartine），具强玻璃光泽和亚金刚光泽

17世纪制作的皇家高脚美酒杯,在景泰蓝上镶嵌钻石、石榴子石、翡翠及矢车菊蓝宝石(高29.2厘米)

(5) 钙铬石榴子石(Uvarovite) 为石榴子石宝石中最富有发展前途的品种之一。其英文名称来自俄文,又称为乌瓦洛夫石,化学成分主要为钙和铬的硅酸盐。颜色呈绿色、深绿祖母绿色,相当漂亮;折射率1.850～1.870,硬度6.5～7.5,相对密度3.77～3.90克/厘米^3,均质体,但常有光性异常现象,可出现带状构造。世界上出产宝石级钙铬石榴子石的国家有芬兰、俄罗斯、法国、美国、挪威和南非等国家。

石榴子石是天然宝石中一个大家族,素以用途的多样性、耐用性而驰名世界。石榴子石主要用于制作首饰、戒面、耳饰、胸饰。

橄榄石(Peridot)

橄榄石是一种黄绿色的宝石，英文名字来自法文的"Peridot"，而流行的"Olivine"则为矿物学上的名称。橄榄石是由地壳里镁、铁等元素参与组成的一种硅酸盐矿物，她的颜色就如树上半熟的青橄榄。这种透明的黄绿色宝石虽然别有一番风味，但毕竟比不上祖母绿、沙弗石、翡翠等鲜艳绿宝石来得美丽，所以橄榄石是一种常见的中低档宝石。但是，橄榄石也是一种柔和的宝石，具有无与伦比的、独有的草绿色和嫩绿色光泽，深受人们的喜爱。

1 橄榄石的天然特征

橄榄石颜色随其含铁量的增加而明显加深。通常表现为无色、黄绿色、橄榄绿色、绿色至绿黑色。橄榄石的化学成分一般为镁、铁、锰、钙、铬、镍和锌等的硅酸盐，而镁和铁构成了橄榄石的完全类质同象系列。按照镁和铁含量的高低，橄榄石可分为6个亚种，而其中可作为宝石材料的，只有镁橄榄石和贵橄榄石2种。橄榄石中还含有锰、镍、镓、铝、钛等微量元素，其透明度为透明至半透明，呈典型的玻璃光泽；完全柱状解理，断口呈破碎状、贝壳状；硬度为6.5～7，相对密度3.25～4.35克／厘米^3，宝石级橄榄石的相对密度为3.32～3.35克／厘米^3，折射率为

橄榄石（Olivine）为无色、黄绿色、橄榄绿色、绿色至绿黑色

1.654～1.690，双折射率为0.035～0.038；色散为0.020，多色性较弱，为黄绿色至绿色，无荧光。在橄榄石晶体的内部，黑色铬铁矿包裹体的四周有一个因应力作用而产生的平面状裂隙环，看上去很像睡莲的叶子，故被称为睡莲叶状包裹体，这也是橄榄石包裹体的最大特征。

2 橄榄石品种及产地

根据橄榄石的质地、色彩、成因和产地差异，达到宝石级的橄榄石大致分为以下5种。

（1）浓绿黄色橄榄石　也就是带有比较明亮的金黄色调的绿色橄榄石，多属贵橄榄石（Chrysolite）之列。

（2）黄绿色橄榄石　即普通的带有绿色的橄榄石，并含有镁橄榄石、贵橄榄石的成分，只是颜色比深色橄榄石稍浅。

（3）金黄绿色橄榄石　一种呈比较明亮的、金黄色调的绿色橄榄石，一般多属镁橄榄石（Forsterite），常被人们称之为金色宝石。

（4）浓绿色橄榄石　一种含铁较多，并带纯正绿色的橄榄石，比较优秀者呈祖母绿颜色。有黑夜中的祖母绿（Evening emerald）和西方祖母绿（Occidental emerald）之美称。

（5）天上宝石（Celestial Precious stone）　指产于陨石中的宝石级橄榄石，这种橄榄石在世界上十分稀有罕见。

橄榄石主要产于地幔（二辉橄榄石）超基性岩体内的脉体和镁质碳酸岩的向变质岩中。世界上出产宝石级橄榄石的国家有埃及、缅甸、印度、美国、巴西、墨西哥、哥伦比亚、智利，俄罗斯、澳大利亚，肯尼亚、坦桑尼亚、捷克、斯洛伐克、蒙古、巴拉圭、阿根廷、津巴布韦和纳米比亚等国家。其中，埃及的扎布盖特岛（Zabargad）自古以来就是世界优质宝石级橄榄石的主要产地，美国亚利桑那州是世界上著名的淡色至中等绿色小颗粒宝石橄榄石的产地；缅甸的抹谷地区是优质巨粒型橄榄石产地，墨西哥奇瓦瓦州则出产褐色橄榄石品种，俄罗斯的萨彦岭地区、蒙古乌兰巴托之南的沙瓦楞拉姆矿床、肯尼亚新生代的基础性喷出岩中均是著名的橄榄石产地。

橄榄石在佩戴时应特别注意，不能靠近盐酸或硫酸，一旦接触，橄榄石便光泽尽失。

碧玺(Tourmaline)

碧玺即电气石，是一种成分相当复杂的硼硅酸盐矿物，碧玺是宝石学上的名称，亦称碧霞玺。碧玺的色彩特别丰富，有多色宝石或多色电气石之称，大概是有色宝石中颜色变化最多的一种，天然碧玺质地坚硬而色彩多变，是仅次于世界五大宝石的著名品种之一。

1 碧玺的天然特征

碧玺是颜色最繁多的矿物之一，常见的呈黑色，也有呈粉红色、紫红色、棕黄色、带黑色的棕色以及各种色调的绿色、深蓝色、蓝绿色、浅蓝色，而无色者较少见。常有多色现象，即在同一晶体的内外或两端，同时呈现两种或两种以上的颜色，形成不同的色环或色带而成为双色或三色。所谓西瓜碧玺，乍看像个西瓜——绿色的外皮、黄白色的内皮、红色的瓤，其实就是内部为红色，外层为绿色的双层电气石。透明度为透明至半透明，呈玻璃光泽，无解理；断口为贝壳状，并有参差断口；硬度 7～7.5，相对密度 3.06 克／厘米^3；光性为一轴晶，负光性，折射率为 1.624～1.644，双折射率为 0.018～0.022；色散 0.017，多色性强烈，表现为颜色由暗至淡的变化，一般无荧光，仅粉红色和红色碧玺在长短光波下有弱红至紫色荧光。若有平均分布的"管状"达到一定数量色体时，也将会产生猫眼效应。红色和粉红碧玺在绿光区有宽吸收带，有时可见 525 纳米窄带，在蓝光区有 451 纳米和 458 纳米两条吸收线；而蓝色、绿色碧玺在红光区有普通吸收线，绿光区（498 纳米处）有一强烈吸收带。

红碧玺（Rubellite）是粉红色至红色的电气石

绿碧玺是电气石绿色的变种，其色调变化范围很宽

2 碧玺的主要品种与产地

根据碧玺的光学效应、质地、透明度等方面的差异以及在颜色方面的四大色系（红色、蓝色、绿色、褐色），可分为下列10个品种

（1）红碧玺（Rubellite）主要是指呈大红、枣红、桃红、紫红、玫瑰红、粉红和浅红等色系的透明锂电气石晶体，其中双桃红、单桃红为碧玺中最佳的珍贵品种。俄罗斯乌拉尔优质红碧玺有西伯利亚红宝石之称。

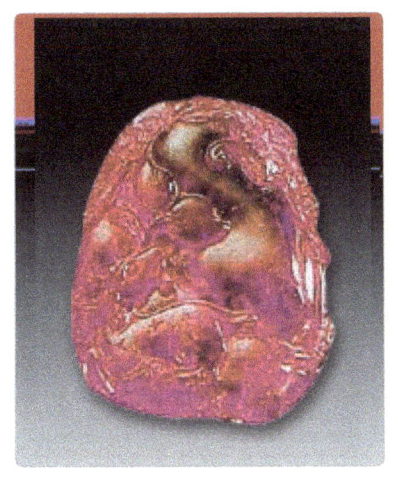

碧玺（40.1毫米×32.8毫米×10.5毫米）

（2）黄碧玺（Yellow tourmaline） 指呈黄色、鲜黄、金黄、蜜黄等透明的电气石晶体。一种蜜黄色至黄绿色的黄碧玺被称之为斯里兰卡橄榄石。

（3）绿碧玺（Verdelite） 是指呈绿色、嫩绿、蓝绿、黄绿、翠绿、祖母绿色透明的电色气石晶体，如巴西产的深绿、翠绿或祖母绿色碧玺被称之为巴西祖母绿或德兰士瓦碧玺。

（4）蓝碧玺（lndicolite） 是指呈蓝色、浅蓝、绿蓝、深蓝色的透明电气石晶体。比较优质的蓝碧玺非常像蓝宝石，如巴西产的优质蓝色透明电气石晶体有巴西蓝宝石之称。

（5）紫碧玺（Violet tourmaline） 是指呈紫色、红紫色的透明电气石晶体，有的晶体最大对径为1.5～2.2厘米，非常漂亮，但比较少见。

（6）黑碧玺（Schorl） 是指呈黑色、墨黑、蓝黑、深蓝等色的微透明至半透明电气石晶体，这种黑碧玺产地分布很广。

(7) 无色碧玺（Achroite） 又称白碧玺，呈无色或含极浅色的透明电气石晶体，有的像水晶或黄玉。

(8) 多色碧玺 又称为杂色碧玺，是指在同一个晶体上有多种颜色的透明至半透明电气石晶体，因颜色千姿百态，故相当美观。

(9) 变色碧玺 是指在日光下和人工光源下，具有暖、冷色调变化的电气石晶体。

(10) 猫眼碧玺（Cat's eye tourmaline） 是指含有大量平行于"C"轴的针状包裹体或管状气液包裹体、在加工成弧面形宝石后会产生猫眼效应的电气石晶体。

世界上出产碧玺的国家有：巴西、美国、纳米比亚、坦桑尼亚、赞比亚，肯尼亚、印度、巴基斯坦、俄罗斯、法国、意大利和澳大利亚等国。

碧玺虽极具宝石天赋，可惜欧美人士并不十分珍视。归类于半宝石中的碧玺，比不上水晶、石榴子石受人喜爱。曾一度在我国清代颇为流行的碧玺，目前在国内并不十分火爆，而被称为西瓜碧玺的宝石是否会逐步成为收藏热潮，人们正拭目以待。

水晶(Rock Crystal)

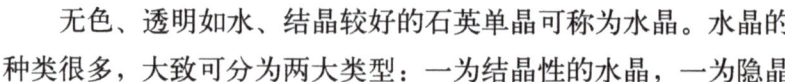

无色、透明如水、结晶较好的石英单晶可称为水晶。水晶的种类很多，大致可分为两大类型：一为结晶性的水晶，一为隐晶

产自中国广西的水晶（Rock crystal）晶簇

产自中国云南的石英（Quartz），为平行连晶

性的水晶。水晶是被人类认识和利用较早的矿种，许多品种被广泛用于制作宝石和装饰材料，其中既有以粗晶状态产出的紫水晶、黄水晶，成块状产出的蔷薇水晶，含排列方向相近的纤维包裹体猫眼水晶、虎睛石、牛眼石，还有成微晶集合体产出的玛瑙、绿玉髓、血石以及以石英岩产出的砂金石。

1 水晶的天然特性

水晶一般为无色或乳白色，因所含杂质的不同而呈紫色、粉红色、褐色、黄色和烟色等。主要化学成分为二氧化硅，可含有钛、铁、铝、锰、镁、钙、锂、钠、硼等。这些微量元素可造成"色心"，而使水晶呈现各类颜色。水晶为三方晶系，单晶常成棱柱状、六方柱状，柱面上有横纹，顶端常带菱形体晶面以及三方双锥和三方偏方面体的小晶面而使顶部呈锥状。其透明度为透明、半透明或不透明，晶面上为玻璃光泽；断口油脂光泽，呈贝壳状，破碎状；硬度为7，相对密度为2.65克／厘米^3，折射率1.544～1.533，双折射率0.009，色散0.013，一般无多色性和荧光性。

水晶常见的内含物有排列十分规则的气液两相色体,在紫色水晶中,有典型的羽翅状的气液包体。含针状金红石的水晶为发晶,同时发晶中也含固态针状电气石和角闪石、片状磁铁矿、铬云母等包体。水晶也有特殊的光学效应——星光效应(六射),并多见于浅粉色的水晶中,常为透星光和猫眼效应。

2 水晶的主要品种

水晶是一种常见矿物,也是地壳中数量最多的矿物之一,许多品种都被制作成宝石饰品,她的品种至少有十几种以上。如果根据其颜色差异,可分为无色水晶、紫水晶、黄水晶、烟水晶和蔷薇水晶等;如根据其特殊的光学效应,则有星光水晶、石英独眼两个品种。

(1)无色水晶(Rockcrystal) 无色透明,是石英类宝石中最广泛、最常见的一种。以美国阿肯色州及巴西所产的品种为

俄国巴比伦厅中的水晶吊灯是用数千千克纯透明水晶制成的

最好，在欧美国家被精心雕琢成高雅精美的小面型宝石，做成串珠或器皿，十分名贵。无色水晶在东方也作为玉雕的材料之一，被加工成各种各样的形态或琢型。在美国华盛顿史密生博物馆有一个直径为30多厘米，重50余千克的纯净水晶球，可能是世界上最大的水晶球了，甚为珍贵。

悬挂在法国凡尔赛宫的纯水晶制作的水晶吊灯

紫晶雕件

（2）紫水晶（Amethyst） 紫色透明，是水晶中最贵重的品种之一。目前以巴西、乌拉圭所产的紫晶品质最好，因成分中含微量氧化铁而使色心致色。巴西紫晶是紫中略带橙红色，乌拉圭紫晶则颜色较深，属纯正紫色，常加工成椭圆形或水滴形的混合刻面琢型；颜色分布呈斑纹状或条带状，是紫晶的显著特征。可琢磨为宝石的紫晶原石重量最好在40克拉以下，紫晶经加热后能变成黄色，棕黄、无色、绿色等。造假者常以紫玻璃、人造刚玉或无色水晶夹紫色夹层等赝品来冒充紫水晶。

（3）黄水晶（Citrine） 是含三价铁离子而成黄色的石英

产于巴西的紫水晶(Amethyst, 16厘米)晶洞

晶体，呈黄色透明或浅黄至深黄色，常混有烟状色带。其中，黄得略带橙红色者称为"Madeira"，价格较高。黄水晶几乎不含包裹体，粒重10克拉以上者都很常见；一般可加工成各种刻面琢型，但很少加工成标准钻石型，主要用作宝石戒面。黄水晶的颜色与黄色黄玉容易混淆，但光泽比黄玉差，相对密度也低得多。天然深色黄水晶有多色性，市场上所见的黄晶多由紫晶加热处理后而成的。

（4）烟水晶(Smoky quartz 或 Cairngorm) 人们有时称其为茶晶，由于成分中含有微量的铝，在放射性物质作用下便会产生色心。深色烟晶仅适于加工成小宝石，一般以中间色调烟水晶最佳，可在成品宝石上显示高度光泽，20～40克拉浅烟色者的

这是一颗发晶球，其中含有细长的黄棕色金红石针状包裹体或黑色电气石针状包裹体

黄水晶挂件

宝石效果颇佳。如果经X射线或热处理后，也可使其变得像黄玉一样美丽，人们喜欢将这样的成品称为巴西黄玉。

产自中国四川的烟水晶晶簇
（21厘米）

（5）玫瑰水晶（Rose quartz） 这是成块状产出的粉色石英，有些国家称为蔷薇石英，我国珠宝界已习惯称之为芙蓉石。因成分中含有微量的钛和锰而呈玫瑰色，富丽的玫瑰色水晶，产量非常稀少，故价格十分昂贵。其中，巴西所产的玫瑰水晶常显现猫眼或星光效应。玫瑰水晶不仅颜色令人喜爱，而且比较少见。美丽的玫瑰色虽然很漂亮，但在强烈阳光照射下容易褪色，故玫瑰水晶应避免阳光直接照射。

（6）彩虹水晶（Lris quartz） 这是指水晶晶体内部次生的裂隙中出现的彩虹现象。当光线入射和折射时，裂隙中的气体或液体便会呈现出色散效应，这种彩虹现象在各色水晶中均有可能出现。

蔷薇水晶又称芙蓉石，富丽的蔷薇水晶产量稀少而价格昂贵，因美丽的玫瑰色在强烈的阳光照射下容易褪色，故应避光保存

(7) 闪光水晶(Arenturine quartz) 水晶晶体中含有小片云母片和赤铁矿，这些包裹体在水晶矿物中闪耀着亮光，使之成为闪光水晶。

(8) 水胆水晶(Water-bladder crystal) 水晶晶体内含有较大的液态包裹体，甚至在晃动时，还可以听到液体声，这是大自然赐予人类的珍宝之一。但此种水胆水晶必须保持在0℃以上，以免被破损。

(9) 星光水晶(Aster-ated quartz) 水晶晶体中含有显微状金红石和其他纤维状包裹体，其弧面宝石可显现星光效应，并成六射星线。

(10) 猫眼水晶(Chao yant quartz) 水晶晶体中含有显微状金红石和其他纤维状包裹体，其弧面宝石会呈现出带状显变光学效应，亦即猫眼效应。

上述品种繁多的各种水晶间的区别，主要在于她们之间各自的颜色、包裹体、特殊的光学效应以及其加工工艺特征的不同，而形成如此多彩多姿的水晶，也是大自然赐予人类的珍宝。

紫晶项链（紫晶尺寸为 20 毫米 ×14 毫米）

水晶主要产于岩浆热液型、伟晶岩型、灰岩型或页岩型环境，一般呈脉状产出，也常产于晶洞中，世界各地几乎都有水晶产出。其中，以巴西、乌拉圭、俄罗斯的紫晶较为优秀，各种颜色水晶出名的产地有瑞士、美国、墨西哥、马达加斯加。而产于巴西意德彼尔州，长5.5米、直径2.5米、重达40多吨的水晶晶体，被认为是世界上最大的水晶单晶体；位于巴西高亚斯州，长25米、宽10米、高3米的水晶晶洞，则是世界上最大的水晶晶洞。世界上最大的水晶群在美国的阿肯色州，其中一株共生的水晶晶体，重达7.8吨。

中国也是水晶蕴藏大国，至少20多个省都有水晶产出。其中，海南省是中国天然水晶的重要产地之一，而广西、四川、新疆都是天然水晶的重要产地。此外，江苏省是中国优质水晶的重要产地，主要分布在江苏省的东海县、沭阳县和新沂县等地，其中又以东海水晶最为著名，素有中国水晶之乡的美称。

白水晶三角圆炉

九

青金石(Lazurite)

在古建筑上，多用一种紫蓝色的、被称为琉璃的瓦片，青金石就是这种体色。事实上，青金石在我国古时候就有琉璃、天青、帝青色等美誉。

青金石是一种古老和神圣的玉石，她具有一种庄严、肃穆而浓艳的紫蓝色，十分独特、美丽。青金石被用作饰物，可以追溯到石器时代。公元前5 000～6 000年，在阿富汗汁巴达赫尔地区的萨雷散格青金石古矿中，人们已对其进行发掘和利用，并将青金石制品远播世界各文明古国。青金石的独特之处是，她并不是单一的青金石矿物结合体，而是黄色矿物如天蓝石、蓝方石、方纳石和黝方石与方解石、透闪石、黄铁矿石等多种矿物非常巧妙的集合体，因此有人主张把这种宝石称为青金岩，但宝石界仍喜欢称之为青金石。

1 青金石的天然特性

纯正的青金石为含硫酸根、硫、氯的钠和钙的铝酸盐矿物，其中还含少量的锶、钾、铁、水和二氧化碳。属等轴晶系，单晶为菱形十二面体，但极为罕见，为粒状、致密块状集合体；颜色为深蓝色或青蓝、天蓝、紫蓝、翠蓝和带绿的蓝色，显玻璃光泽、油脂光泽；微透明至半透明，查尔斯滤色镜下呈淡红至褐色，断口不平坦；硬度5～6，相对密度为2.38～2.42克/厘米^3，通常为2.7～2.9克/厘米^3，折射率约1.5，无双折射，具色散和多色性；在短波紫外线下可发强的绿色或白色荧光，青金石中的方解石在长波紫外光下可发橙色荧光。包裹体有黄铁矿的黄铜状色斑点，有人称其为金星石或金碧。不过宝石界认为，上品的青金石仍以内部不含杂质的纯白色为宜，人们称之为青金，但不带金的才是上品。

2 青金石的主要品种

青金石如果按颜色来分，可分为深蓝色、天蓝色、浅蓝色、紫蓝色、绿蓝色等品种，它们之间的区别主要在于颜色差异；若按出产地分，则青金石有阿富汗、前苏联、加拿大和智利之别。

通常，人们将青金石按矿物成分、色泽、质地等方面差异，

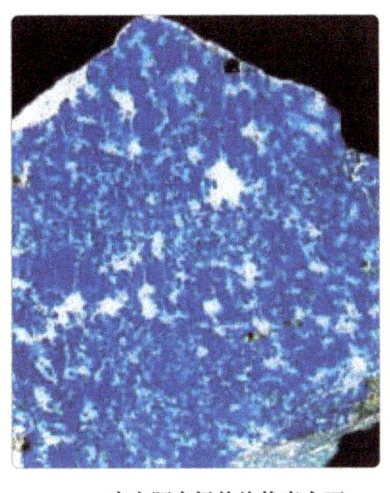
▲产自阿富汗的块状青金石
（9厘米）

▲青金石知了

分为以下4种。

（1）青金石（Lazurite） 是指青金石矿物含量在99%以上，无黄铁矿和透辉石，质地纯净，呈浓艳、均匀的深蓝色、天蓝色，有青金不带金之称的青金石为最优良的青金石玉石之一。

（2）青金（Lapis lazuli） 这种青金中的青金石矿物含量为94%左右，含少量星点状黄铁矿及少量的点状方解石，有青金必带金之称，质地亦相当纯净，如果颜色为浓艳均匀的深蓝、天蓝、翠蓝、藏蓝等色，也是青金石中的上品。

（3）金克琅（Scarbstone） 其中青金石矿物含量比上述青金石、青金大为减少，而黄铁矿含量比青金石中的高，且方解石、白云石、透辉石、长石等含量也显著增多，故蓝色不太浓艳、均匀，其魅力稍逊于青金石和青金。

（4）催生石（Hastening Partunition stone） 据说孕妇在传统方式分娩时，此石能起催生作用，故名。她是不含黄铁矿而混杂较多方解石的青金石品种。其中，以方解石为主的称雪花催生石，淡蓝色的称智利玉，多用于雕刻成工艺品。

青金石具有独特的蓝色基调，并含有细微的黄铁矿晶体，其

青金石插屏

特征比较容易识别。如果在青金石上点一小滴盐酸,即刻便会产生硫化氢气体所特有的气味。

用作宝石的青金石主要产在阿富汗的巴达赫尚(Badakshan)和考克(Kokcha)地区,前苏联的帕米尔西南部、滨贝加尔南部的小贝斯特拉地区,智利的科金博、安托法加斯特、圣地亚哥等地区和加拿大的巴芬岛南端地区。

青金石在我国的工艺品商店和珠宝店中也是很常见的,青金石除了做戒面、项链、手链、手镯等首饰外,还可做成许多工艺品,如佛像、鼻烟壶、鸟兽、摆饰及串珠等饰物。

十

黄玉（Topaz）

黄玉是产于地壳中的一种中低档宝石，黄玉即黄晶，又称托帕石、托帕斯，它透明、洁净、很坚硬，所以深受世人喜爱。人们一直认为黄颜色象征着和平、友谊，于是纯净、坚硬的黄玉也就被认为是友谊之石。

1 黄玉的天然特性

黄玉是一种含氟和氢氧根的铝硅酸盐，还含有许多微量的锂、铍、镓、锗、铊等。它属斜方晶系、斜方柱状晶形，在晶体柱面上有明显的纵纹，晶体很大，一端为锥，另一端为底面解理

黄玉（2厘米×5厘米）

黄玉（1.3厘米×3.2厘米）

而形成的平面。

黄玉的颜色常为白色或带黄色调的白色，也有的呈无色，或蜜黄色、酒黄色、金棕色、棕色，或浅蓝色、蓝绿色、蓝色，甚至还有一种呈粉红色和淡红色的；透明度为半透明至透明，有玻璃光泽，沿釉面为完全解理，贝壳状断口；硬度8，相对密度为3.52～3.57克／厘米^3，折射率为1.619～1.627，双折射率为0.008～0.010；色散0.014，多色性比较明显，在长波紫外线下蓝色和无色黄玉发弱黄绿色光，黄褐色和粉红色黄玉发橙黄色光，而在短波紫外线中则荧光较弱。

2 黄玉的主要品种

宝石级的黄玉，按颜色不同可分为4种

（1）金色黄玉（Golden topaz） 是指呈金黄色或黄色的宝石级黄玉，因黄中带褐与雪利酒的颜色相似，故有雪利玉之称，是黄玉中最为典型的一种，简称黄玉。

（2）粉红色黄玉（Pink topaz） 由于从黄色到粉红色是一个渐变的颜色范围，因此金色黄玉和粉红色黄玉中间的过渡层次很难界定，如果透明度好、内含物少、颜色和质量优良者应当被视为较珍贵的中档宝石。粉红色黄玉与粉红色蓝宝石和粉红色尖晶石也颇为相似，而且相对密度也相近，这时可通过测定折射率来

产自巴西的黄色黄玉

进行区分。目前，珠宝店中出售的粉红至红色黄玉，大部分是由黄褐色黄玉经过加热改色而成的，其颜色也十分稳定。

（3）蓝黄玉（Blue topaz） 此种天蓝色略带灰或绿色调、内含物较多的黄玉品种在市场上也较受欢迎。重几克拉至几十克拉的蓝黄玉较常见。一颗产自巴西，重1463克拉的蓝黄玉现藏在美国纽约自然史博物馆；另一颗产自巴西的蓝黄玉原石更重，达3.6千克，现藏于英国大英博物馆。

（4）无色黄玉（Colorless topaz） 这是黄玉中最常见的品种，晶体较大，产量较多。因折射率较低，且缺乏色散，因而常被琢磨成刻面宝石或作为蓝色改色黄玉的原料，此品种一般不大受到人们的注目。

产自巴西的改色蓝黄玉

黄玉是伟晶岩和气成矿床特有的矿物，主要产于花岗伟晶岩中、酸性火成岩晶洞中、气成热液云英岩中和高温热液钨锡石英脉中，有时也以卵砾石形式产于由河床冲积成的砂矿中。

世界黄玉产地首推巴西的米纳斯吉拉斯州。俄罗斯的乌拉尔、伊尔明山、东西伯利亚盛产蓝色、绿色等多种丽色黄玉，法国出产黄色及红色透明黄玉，美国的得克萨斯州、科罗拉多州、犹他州、加利福尼亚州等多产蓝色、红色、黄色、葡萄酒色、褐色等优质黄玉。此外，墨西哥的圣路易斯波托西、纳米比亚的克林斯毕士、缅甸的抹谷、巴基斯坦的马尔丹以及日本的苗木和美野、澳大利亚的昆士兰都是出产优质黄玉的地区。

十一 孔雀石(Malachite)

孔雀石又叫绿青、青琅，因为拥有强烈的绿，犹如孔雀尾羽上的翠绿色，并且还含有有趣的同心层状的纹路，久已为世人所喜爱。人类对孔雀石的认识和开发历史久远。从古至今，孔雀石一直被用来加工成首饰、玉器和装饰材料而驰名。

孔雀石为铜的碳酸盐矿物，常产于铜矿床的氧化带，是氧化铜矿石中分布最广的矿物，故凡有铜矿的地方几乎都有孔雀石产出。

产自中国湖北的针状孔雀石
(Malachite，2厘米)

1 孔雀石的天然特性

孔雀石中的铜可以被锌置换，也可因为吸附作用或机械混入而含有钙、铁、钛，钠、铅、钡、锰、钒和硅等元素。锌可以类质同象形式代替钙，而含锌的孔雀石变种后称为锌孔雀石。孔雀石属单斜晶系，晶体一般呈柱状、针状或纤维状，有的会开成燕尾双晶，但比较罕见。通常呈晶簇状、葡萄状、皮壳状、充填脉状、粉末状、肾状、土状等集合体形态。在集合体内部具有同心层或放射纤维状的环带特征。

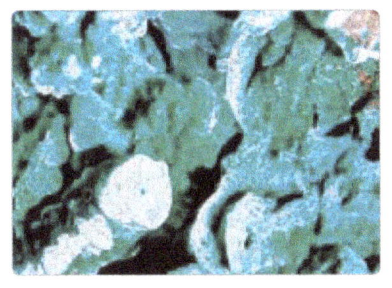

产自中国湖北的钟乳状孔雀石
（2厘米）

孔雀石颜色一般为绿色，但色调变化比较大，从暗绿、鲜绿、带绿色的白色均有；透明度为不透明或微透明，呈玻璃光泽至金刚光泽，纤维状者呈丝绢光泽；有两组完全解理，在显微镜下能见到清晰的解理纹，有锯齿状，鳞状断口；硬度3.5～4，相对密度4.0～4.5克／厘米^3，折射率1.66～1.91，双折射率0.25，光性为二轴晶系负光性；无色散，多色性非常强，有深绿色、黄绿色、浅绿白色和无色，无荧光性。

2 孔雀石的主要品种

按孔雀石的物质构成、色泽、形态、特殊效应以及不同的用途，通常可将其分为5种，即宝石级孔雀石、玉石级孔雀石、猫眼孔雀石、青孔雀石、天然造型孔雀石等。世界上出产孔雀石的国家有俄罗斯、刚果民主共和国，纳米比亚、埃及、赞比亚、津巴布韦、

产自刚果民主共和国的孔雀石鳄鱼雕品

制作于1830年的孔雀石工艺精品，其镶嵌工绮丽无比

安哥拉、刚果、乍得、澳大利亚、美国、墨西哥、智利、尼加拉瓜、法国、英国、意大利、罗马尼亚等。其中，以俄罗斯乌拉尔地区最为著名（孔雀石块可重达数十吨以上）、纳米比亚的楚梅布、刚果民主共和国的加丹加、澳大利亚的新南威尔士、美国的亚利桑那州等地所产出的孔雀石也非常出名。中国孔雀石则产于广东、湖北、江西、内蒙古、甘肃、西藏和云南等地。

绿松石(Turquoise)

绿松石是中国四大名玉之一，深受世人喜爱。绿松石又称土耳其玉，早在美索不达米亚平原的两河流域，人们就将其视为罕见的几种珍宝之一。在中国历史上，早在5 000多年前的器物中就发现有用绿松石作为饰品，在辽河流域红山文化遗址中还发现了由绿松石制作成的鱼形饰物。

1 绿松石的天然特性

绿松石为地壳里含水的铜、铝磷酸盐矿物,属三斜晶系,单晶呈短柱状,但极少见,通常为隐晶质的致密块状、肾状、钟乳状、皮壳状结合体。绿松石的颜色可呈蓝白色至天蓝色,带绿色调的浅蓝色至浅绿色;透明度为不透明至微透明;蜡状光泽,有一组完全解理、一组中等解理,块状绿松石中不见解理,断口为贝壳状、参差状;硬度 5～6,相对密度 2.6～2.9 克／厘米^3,折射率 1.61～1.65,集合体只有一个折射率值约 1.61,双折射率 0.04;色散强烈,但集合体无,多色性弱,长波紫外线下发弱的黄色到蓝色荧光,绿松石颜色一般由所含的铜元素所致色。可在 420 纳米和 432 纳米处见吸收谱线。

绿松石饰品,蓝色的绿松石在钻石的映衬下显得十分恬淡、宁静、高贵和典雅

2 绿松石的主要品种

如果按产地不同,有回回甸子、河西甸子、襄阳甸子或荆州石、尼沙普尔绿松石、湖北绿松石、陕西绿松石之分。如果按颜色不同,则可分为天蓝色、深蓝色、浅蓝色、蓝绿色、绿色、黄绿色、浅绿色等 7 个品种绿松石。如果按色泽、透明度不同,还可分为结核状绿松石、蓝缟绿松石、铁线绿松石、瓷松石、脉状

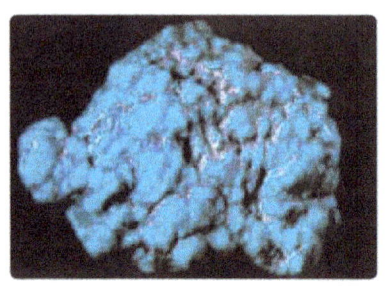

绿松石（Turquoise）

绿松石，斑点状绿松石等。

目前，产绿松石的国家有美国、伊朗、埃及，印度、智利、澳大利亚及中国。其中，以伊朗尼沙普尔市东北60千米处的霍拉桑地区所产绿松石品质最佳，不含杂质，其色彩几乎呈纯蓝色；而美国则是出产绿松石最多的国家，在弗吉尼亚州、内华达州，科罗拉多州、亚利桑那州以及新墨西哥州、加利福尼亚州产量都不少。我国湖北省的陨县、竹山，陕西的白河及四川、河北、西藏等地都出产绿松石。

绿松石在历史上被人格化、道德化、神化以后，世人对她的欣赏和钟爱已达到不可思议的地步，即使人类历史已经发展到科学昌盛的今天，世界上许多古老的民族仍然坚持其悠久的文化传统，而未曾动摇过先辈们对绿松石喜爱的信念……

用绿松石制作的四足盘螭炉

陆 普通宝石

萤石(Fluorite)

萤石是一种钙的氟化物,也称为氟石。由于她的颜色和外观给人的印象颇似水晶,便有人将宝石级的绿色萤石称为软水绿晶,而将紫色者称为软水紫晶。

1 萤石的自然特性

人类在新石器时代就开始利用萤石,在浙江河姆渡文化遗址中就出现了萤石制品。在古罗马时代,也有用萤石制作生活器皿和饰物的。质纯萤石中所含的钙常被稀土元素钇、铈替代,而形成钇萤石或铈萤石。萤石属等轴晶系,常见晶体为立方体,次为菱形十二面体、八面体,立方体萤石的晶面上常出现与棱平行的网格状条纹。断口为贝壳状,集合体多为粒状、块状、晶族状和条带状。

纯净的萤石无色,含杂质者常呈绿、祖母绿、蓝绿、黄、酒黄、紫、紫罗兰、蓝、黑、灰、

产自中国湖南的萤石(Fluorite,8厘米),含白云石包裹体

产自中国湖南与水晶、白云石共生的萤石

褐、玫瑰红、深红和石竹等色。有时多种颜色共现于一块萤石上,加热后则可完全褪色。萤石致色机理较为丰富,有胶体致色、有机致色、色心和复合色心致色等,基本以色心致色为主导;萤石多呈透明至半透明,硬度4,相对密度3.18克／厘米^3,性脆,有平行的四组完全解理;折射率1.434,色散很低;长波紫外线下显强蓝白色,短波下较弱,有磷光,在黄绿区可看到稀土谱线,也常呈现出三角形的解理纹,具二相和三相包裹体,性脆、裂纹多。

2 萤石的产地

世界上宝石级萤石广泛分布于各地,通常情况下萤石以脉状形式产出,与金属硫化物、碳酸盐及石英共生。萤石主要分布于美国的伊利诺伊州和肯塔基州,产出的多为紫、黄、蓝、褐和紫罗兰等色萤石,而哥伦比亚、加拿大、英国、纳米比亚、奥地利、瑞士、意大利、德国、俄罗斯、捷克、斯洛伐克、澳大利亚、南非等国家也有产出。中国萤石资源主要分布于浙江、安徽、江西、福建、河南、湖北、广西、四川、贵州、青海和新疆等地。

绿萤石摆件

二

尖晶石(Spinel)

在自然界复杂的尖晶石族矿物里,可以用作宝石者较多。在尖晶石大类中,含镁、铁的尖晶石往往多被用作宝石材料,由于红颜色的尖晶石酷似红宝石,因而欧美宝石界人士常会因此提起英国皇冠上的两颗"红宝石":一颗是"黑王子红宝",一颗是"铁木儿红宝"。由于现代鉴定技术的先进,发现这两颗名贵的"大红宝石"均为名副其实的红色尖晶石。所以,红尖晶石也是最好的红宝石替代品之一,且颜色愈近似红宝石的红色,也是愈好的尖晶石。

尖晶石最贵重者属于红色,但这种宝石的颜色并不少,仅在红色的色系中,就出现洋红、血红、玫瑰红等多种颜色。在蓝色系中则有深蓝、紫蓝、紫色等,还有绿色、黑色、白色,只不过这三个色系的尖晶石数量并不多。

1 尖晶石的天然特性

尖晶石是一种铝酸镁,并常含铁、锰、铬、锌等元素,其中镁常可被铁、锌置换,铝则可被铬置换,发生完全或不完全类质同象代替。尖晶石属氧化物类矿物,等轴晶系,晶体结构属于正常尖晶石型,形态属于六八面体晶类,单晶常为八面体,有时为八面体与菱形十二面体,立方体成聚形或呈双晶出现,此即著名的尖晶石律双晶。尖晶石有多种颜色，如红色、蓝色和绿色等，透明度为透明至半透明，有明亮的玻璃光泽至亚金刚光泽；硬度8，解理不发育，大多数尖晶石易破碎，相对密度为3.58～3.98克／厘米^3；光性特征均为质体，折射率为1.712～1.8，无双折射率；色散为0.020，无多色性；在紫

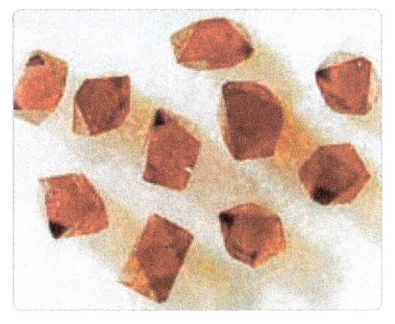

尖晶石（Spinel）颜色很多，可与红宝石一样受到人们的青睐，俄国女皇叶卡捷琳娜的王冠上就镶嵌着尖晶石

外线的照射下，红色和粉红尖晶石可发出红色荧光，而且长波的荧光效应比短波强，蓝色和紫色尖晶石在紫外线长波照射下可发出绿色荧光；红色尖晶石由铬致色，从595纳米至490纳米，有1条宽光谱带，还可能有5条或5条以上红色荧光线；而蓝色尖晶石则由铁致色，具有623纳米的橙色谱带，592纳米的黄色谱带，555纳米的绿色谱带，480纳米的1条谱带，还有1条集中在460纳米附近的1条蓝色宽谱带，但这些谱带和谱线有时也很难分辨。

2 尖晶石的主要品种

按颜色及特殊光学效应，尖晶石可分为以下5种。

（1）红色尖晶石（Red spinel） 是因铬致色的各种红色色系，像红宝石、红石榴子石一样，以红色和深红色为好。红色尖晶石也曾被叫作红玉，我国珠宝界曾把红色尖晶石称为大红宝石，但这会造成红色宝石系列在名称上的混乱。红色尖晶石的颜色是柔和的，光泽、透明度都很好，一般加工成椭圆形或圆形的混合刻面琢形，或者是方形和矩形的阶梯状琢形。

（2）蓝色尖晶石（Blue spinel） 尖晶石有两个蓝色的变种，即含钛、镁和锌的尖晶石，颜色从浅蓝色到深蓝色。作为宝石品

种，人们将其统称为蓝色尖晶石。

（3）绿色尖晶石（Sapphire spinel） 含少量的铁离子而致暗黄色至绿色，有时稍偏浅蓝，其宝石级品种却比较罕见。

（4）变石尖晶石（Alexandrite-like spinel） 指像变石一样，具变石效应的尖晶石，在日光下呈蓝色，而在白炽灯下呈紫色，亦比较少见。

（5）星彩尖晶石（Star spinel） 指加工成弧面形宝石后，呈紫红色、暗棕红色、中灰色至黑色，并具有四射星线或六射星线的尖晶石，比较少见。

在古代，人们常用尖晶石制作冠顶、帽正、坠子、朝珠、手串和壶盖等，并作为各种镶嵌物所需的宝石。现今的尖晶石主要用于各种首饰、戒面饰品，优质的尖晶石还被用作钻石、红宝石和蓝宝石等贵重宝石的替代用品。

地壳里的尖晶石主要产于火成岩体与白云岩、白云质石灰岩的接触变质带，特别是镁质锡卡岩中，常与石榴子石、绿帘石、符山石、透辉石、金云母等共生，世界上生产宝石级尖晶石的国家有阿富汗、缅甸、斯里兰卡、泰国、柬埔寨、俄罗斯、意大利、瑞典、葡萄牙、巴西、美国、加拿大、坦桑尼亚和尼日利亚。其中，亚洲一些国家产出的尖晶石在世界上较为著名。

蓝尖晶石有两个蓝色的变种，即铁镁尖晶石和锌尖晶石

中国的尖晶石以及矿化现象的矿区已在江苏、福建、河南、河北、新疆、云南等地被发现。江苏的尖晶石发现十六合一带的蓝宝石砂矿中，为铁镁尖晶石，新疆的尖晶石发现于阿尔泰的花岗体晶岩体中，河北的尖晶石发现于张家口一带的超基性岩中，云南的尖晶石发现于瑞丽一带的第三系砂砾、黏土及第四纪河床冲积物中。此外，内蒙古等地也有尖晶石发现。

蛇纹石（Serpentine）

蛇纹石是一种被广泛应用的宝石，也是传统的玉料之一。中国对蛇纹石的开发利用有着悠久的历史，在辽宁沈阳距今7 200 年左右的新乐文化遗址，就出土了用蛇纹石制作成的刀具、饰物。在公元前11 世纪的西周遗址中，就出土了玉龙、玉蝉、玉斧、玉琮、玉璜和玉龟等，这些器物的玉石材质就是蛇纹石。此后，在我国的汉代、明代古墓遗址中，都有蛇纹石玉器饰物出土。在世界上许多文明古国，如墨西哥的玛雅人、新西兰的毛利人和印度的古老民族都喜欢使用蛇纹石来制作工艺品和饰物。蛇纹石分布广泛、数量较多，至今仍是被世界各地广泛利用的玉石之一；同样，蛇纹石也是中国的四大名玉之一。

1 蛇纹石的天然特性

蛇纹石是含氢氧根的镁硅酸盐矿物，还常含有铁、锰、铝、镍和氟，有时还含少量的铜、铬、锗等。按晶体结构、化学成分，蛇纹石可分为 3 种：叶蛇纹石、利蛇纹石和纤维蛇纹石，每一种蛇纹石在结构或组分上都存在着差异，因此还可分成数量不等的变种。蛇纹石总体上是由微细纤维状蛇纹石集合体构成的蛇纹岩，具毡状结构，故具有韧性，但在硬度方面仍比软玉和翡翠要低。蛇纹石质地细腻、透明度较好，也易于切割、车磨和雕刻，其价格要比同类玉材低廉,所以大众都很喜欢蛇纹石。

蛇纹石属单斜晶系,常呈隐晶质块状体。尽管这种集合体以蛇纹石矿物为主体,但仍含少量透闪石、透辉石、菱镁矿、水镁石、滑石和白云石等其他矿物,颜色以柔和的白色中略带浅绿色为主,间或有绿色、黄色、红色、褐色;一般为透明至半透明,具油脂光泽或蜡状光泽;有时可见到云雾状的白斑,俗称绵或石花;蛇纹石手感润滑,断口常呈锯齿状;硬度2.5～5,相对密度2.44～2.80克／厘米^3,折射率为1.55～1.57,无双折射率、色散、多色性和荧光性。

2 蛇纹石的主要品种

根据颜色不同,可将蛇纹石分为墨绿、深绿、绿色、黄绿、蓝绿、浅黄、黄白和灰白等多种。

我国产蛇纹石的地方很多,而不同产地又有不同名称。如辽宁产的为岫玉,广东产的为南方玉,甘肃产的为祁连玉,新疆产的为昆仑玉,台湾产的为台湾玉。

国外不同产地的蛇纹玉也有不同的名称。如新西兰产的为鲍文玉,美国宾夕法尼亚产的为威廉玉。此外,还有塔克索石蛇纹玉、雷斜石蛇纹玉,新西兰绿石蛇纹玉,朝鲜高丽蛇纹玉、岫岩玉,蛇纹石中的猫眼石又称萨特尔石。

世界上产蛇纹石的国家有朝鲜、阿富汗、印度、新西兰、美国、前苏联、奥地利、波兰、英国、瑞典、埃及、意大利、安哥拉、纳米比亚和中国等。其中,以朝鲜的高丽玉最为精良,高丽玉透明度高,呈鲜艳的黄绿色,透着朵朵"柔绵",是镌制手镯、串珠、摆饰、日用器皿、真石盆景等的最佳选材。

四 磷灰石(Apatite)

磷灰石有一种特性，受热后会发出磷光。由此，在民间引起了许多神秘的传说。磷灰石是一种钙的磷酸盐，也可形成羟磷灰石和氟磷灰石等磷灰石的亚种。磷灰石属六方晶系，晶体常呈柱状、短柱状、厚板状、致密状等；磷灰石的颜色为无色或白色，但通常呈绿、黄绿、淡绿、紫、灰紫、蓝紫、蓝黄绿、褐黄、灰、烟灰、黑、玫瑰红、暗红和红褐等色，色彩非常丰富，

产自墨西哥的磷灰石（4厘米），柱状

十分美丽，蓝色磷灰石还具有显著的黄、蓝二色性；具玻璃光泽、油脂光泽，断口参差不齐，硬度5，相对密度2.9～3.23克／厘米^3，折射率1.629～1.667，光性为一轴晶负光性；有的品种可出现猫眼效应，亦称磷灰石猫眼；吸收光谱在红区、绿区、蓝区各有1条微弱的吸收带；在蓝区（480纳米与450纳米之间）有1条相当宽的吸收带，而黄色和绿色品种在黄区和绿区显示有2组稀土元素所致的吸收谱带，并常见584纳米吸收双线或单线。宝石级的磷灰石通常产于沉积岩砾石层、变质岩浆和伟

晶岩中，世界上出产宝石级磷灰石的国家有缅甸、斯里兰卡、印度、美国、墨西哥、西班牙、葡萄牙、意大利、挪威、加拿大、巴西、坦桑尼亚、马达加斯加、肯尼亚以及中国的内蒙古、甘肃、河北、新疆、云南、江西和福建等地。

五 红柱石（Andalusite）

红柱石为铝的硅酸盐宝石矿物之一。与蓝晶石、矽线石为同质异象。红柱石首次被发现是在西班牙的安大路西亚（Andalusia），此后，相继在斯里兰卡、巴西陆续被发现。

红柱石常含有铁、锰、钾、钠及碳等元素，属斜方晶系，类似四方棱柱体，有清楚的柱状解理。红柱石的典型亚种是空心石，呈菱柱状晶体，在横断面近正方形或四边形断面上所附着的炭质和黏土质成定向排列，形成的黑十字形暗色条带，在纵断面上呈

产自中国北京的红柱石（Andalusite，9厘米），放射状集合体

与晶体延长方向一致的黑色条纹，所以又名基督石、空晶石等。集合体为粒状，放射状等。在晶体内部含磷灰石、云母和金红石等包裹体。红柱石的颜色为灰白、灰、黄褐、肉红、玫瑰红、红褐、紫罗兰、蓝绿等色，无色和粉红色比较少见；硬度7～7.5，相对密度为3.13～3.20克/厘米^3，折射率1.634～1.643，双折射率0.009，色散0.016，二轴晶系负光性。具有很强的灰绿、暗红、褐黄多色性，在短波紫外线下有特殊的浊绿色荧光；绿色和红褐色品种吸收光谱在紫区436纳米处有吸收带。红柱石是遭受变质作用而形成的矿物，常与堇青石、石榴子石、白云母、石英等矿物共生，也常见于泥质岩和侵入岩体的接触带，是典型的热接触变质矿物。世界上产红柱石的国家有缅甸、斯里兰卡、美国、巴西、西班牙、法国、澳大利亚、马达加斯加等。中国也有许多省份出产，如辽宁、吉林、新疆、河南、山东、江西及北京等地都有红柱石矿床。

六

蓝晶石(Kyanite)

蓝晶石为铝的硅酸盐宝石矿物之一，与红柱石、矽线石为同质异象。因其硬度随晶体的方向不同而会发生变化，所以又被称为二硬石。蓝晶石还可含铬、铁和少量的钙、镁、钛等元素。蓝晶石属三斜晶系，柱状晶形，常见放射状集合体；蓝晶石的颜色常为蓝、浅蓝色，亦可呈白、灰、绿、蓝绿、黄、粉

产自中国新疆的蓝晶石（Kyanite，16厘米），放射状

红、黑等色或无色；解理面具珍珠光泽，透明至半透明；硬度 4～7（具有方向性），相对密度 3.53～3.65 克／厘米³；一般为 3.62 克／厘米³；折射率 0.012～0.017，色散 0.011，二轴晶负光性；多色性浅蓝色至暗蓝色，紫外线下呈惰性，有时可见浅红色荧光，分光镜下可见蓝紫区 435 纳米、455 纳米处有 2 条吸收带。蓝晶石主要是区域变质作用的产物，主要产于中压低温变质带，但高压变质带也有产出。世界宝石级蓝晶石的产出国家有巴西、美国、意大利、瑞士、缅甸、印度、巴基斯坦、斯里兰卡、肯尼亚和尼日利亚。中国的许多省份也发现有蓝晶石资源，如山西、河南、江苏、安徽、四川、云南、西藏、新疆等地。

锡石（Cassiterite）

锡石为锡的氧化物，常含铁、铌、钽以及锰、钪、锆等元素。四方晶系，晶体常呈双锥状、锥柱状，常见平行连生和膝状双

晶，集合体呈不规则粒状，解理平行；断口呈贝壳状至参差状，柱面上有时还会呈现细的纵纹；锡石的颜色通常呈红褐色、褐红色、淡红色、无色、黄色和褐至黑色，透明至半透明，具玻璃光泽或金刚光泽；硬度6～7，相对

产自中国四川的锡石（Cassiterite，7厘米），晶面有"V"形条纹

密度6.95克／厘米³，折射率1.997～2.093，双折射率0.096，一轴晶正光性，紫外荧光，呈荧光惰性，色散0.071，分光镜下无特征光谱。锡石的形成与酸性岩浆岩有着密切关系，主要产生于花岗岩、伟晶岩以及热液型、接触交代型矿床和砂矿中。世界上出产宝石级的锡石有玻利维亚、西班牙、美国、加拿大、墨西哥、英国、葡萄牙、日本、澳大利亚、纳米比亚等。中国的锡石主要分布于云南、广西等多个省区。

产自中国云南的与水晶共生的锡石

八 其他可作宝石的矿物

　　自然界中，其他可作宝石的矿物还有：方钠石、绿帘石、蓝锥矿、金红石、葡萄石、重晶石、异极矿、堇青石、十字石、榍石、赛黄晶、菱锌矿、天青石、硬石膏、塔菲石、方镁石、硅孔雀石、辰砂、方柱石、黝帘石等。

生物宝石

柒

珊瑚(Coral)

黑珊瑚

珊瑚是一种极其珍贵的有机宝石，古今中外，无论哪个国家，皆视珊瑚为祥瑞的神奇之物。珊瑚是圆筒状的腔肠动物，是由生长在热带海洋中无数细小水螅(Poral)的石灰质骨骼所形成，其主要成分为方解石形式的碳酸钙。

珊瑚生活于海洋中，它靠着管口周围的许多触手来捕捉微生物并送入口中，通过体内的一个空腔来消化食物。同时，分泌出一种石灰质（主要成分为碳酸钙）来营建自己的筒状躯壳。珊瑚雌雄同体、通常进行无性繁殖，待到夏初或者秋末再进行有性繁殖，并在海洋环境的影响下迅速生长。如此日复一日，由于新陈代谢作用，使珊瑚虫骨骼大量堆积，从而形成了树枝状外形特点。珊瑚性喜群居，对生存环境有一定的要求，它们仅分布在赤道两侧20°的范围内，以水温20～30℃、水深100～200米、盐度3.4%～3.7%的海水环境为最适宜生长。珊瑚有四大类型，只有那些质地致密均匀并具有良好抛光性能的珊瑚才能划入宝石之行列，如八放珊瑚绝大部分可用于制作宝石。珊瑚的色彩艳丽雅致，自古以来一直成为人们所喜爱的有机宝石。

1 珊瑚的性质与特征

珊瑚的天然外形，很像匍匐在海底的丛林状树枝，人们象形地将其称为珊瑚树。它黏附在海底岩石等物体之上，向上聚集缓慢生长，大约十年才长2～3厘米。

珊瑚的颜色相当丰富，已知的就有橙色、黄色、褐色、蓝色、紫色、黑色、白色、灰色、红色、桃红色、粉红色、橙红色、暗红色和玫瑰红色，具有以上色彩的珊瑚均可以作为宝石材料。一般，被用来做成首饰、饰品的珊瑚都具有蜡状光泽和油脂光泽，朦胧而半透明。宝石级珊瑚可分为钙质珊瑚和角质珊瑚两类：钙质珊瑚由碳酸钙组成，角质珊瑚由有机化合物的角质组成，含较少或不含碳酸钙，如黑色或金黄色珊瑚就属于角质型。珊瑚的相对密度为2.6～2.7克／厘米^3，颜色种类很多，硬度也有微量的差异，一般为3.5～4。在紫外线照射下，红色珊瑚会发出粉红

银烧蓝双龙戏珠珊瑚镯（7.5厘米×6.5厘米×0.7厘米）

色的荧光，而白色珊瑚则无荧光反应。红色珊瑚在光谱的蓝绿区大约494纳米处有一铁的吸收带。由于珊瑚的主要成分为方解石形式的碳酸钙，故非常怕酸，在稀盐酸的作用下，碳酸盐型珊瑚会产生强烈的化学反应而产生大量气泡，犹如珊瑚表面在急速沸腾；角质性珊瑚则无化学反应。

2 珊瑚的类别与分布

人们对珊瑚的认知至少有4 000年以上的历史，将其作为宝石和首饰佩戴也有数千年了，但将其作为宝石进行研究开发，却只有不过数百年。现今世界上珊瑚的种类很多，大约有三五百种以上，因此人们常从不同的角度对其进行分类。

（1）按物质组成分

碳酸盐型珊瑚　有方解石型和文石型两种，其中代表品种有白色珊瑚、红色珊瑚和蓝色珊瑚。

角质型珊瑚　主要成分为有机质，其中代表品种有黑色珊瑚和金黄色珊瑚。

珊瑚浮雕人物鼻烟壶
（9厘米×4厘米）

（2）按形成时间分

古代珊瑚　是以化石面貌出现的珊瑚，仅出现在古生代（距今2.5亿～5.7亿年）的地层里，其中代表品种有四放珊瑚、板床珊瑚、六放珊瑚、八放珊瑚。

近代珊瑚　指地质历史上第四纪（距今160万年）以来形成的珊瑚，也就是最新的珊瑚。

再生天然珊瑚　这里是指

将珊瑚的各种小碎块或碎粒状的珊瑚材料,在适当的环境、温度和压力下,经过再造而形成的珊瑚,并可达到宝玉石级水准。

合成珊瑚 运用格尔森(Gilson)技术合成的珊瑚,具微细粒状结构,检测时除相对密度比天然珊瑚较小(2.45克/厘米^3)外,其他均可乱真。

(3) 按光泽颜色分

红色珊瑚 红色珊瑚性喜在水深100～300米的海床生活,颜色深红到血红,主要分布于爱尔兰的南部海域、欧洲的西班牙沿海、地中海的北部沿岸、意大利等地,地中海南部沿海、阿尔及利亚、突尼斯等地以及马得拉群岛、加那利群岛、佛得尔群岛和印度洋中的毛里求斯等水域。

在东南亚地区,中国台湾和日本水域都产红珊瑚。其中,中国的台湾是红珊瑚的重要产地,尤其在我国的钓鱼岛、巴士海峡附近的年捞获量有400余吨,占世界总产量的60%,全世界珊瑚原料的80%都产自台湾。我国台湾澎湖出产的红珊瑚中,有的还呈半透明状,群体的宽幅和高度可达40厘米且品质优良,属宝石级珊瑚。

粉红色珊瑚 性喜在水深300～400米的海床生活,分布于太平洋中途岛近海的海域,常含有淡粉红或粉红斑点。

红粉色珊瑚 性喜在水深500～800米的海床生活,分布于太平洋中途岛海域,其本色为红粉色,同时也伴有半透明感。

桃红色珊瑚 性喜在水深200米的海床生活,分布于东南亚广大海域,如菲律宾近海、我国台湾近海及南沙群岛,这一地区所产的桃红色珊瑚中宝石级珊瑚分布最广,产量也最大。1980年,在我国台湾宜兰地区曾捞取一株重70.5千克、高125厘米,品质极佳的桃红色珊瑚,成为国宝级的宝物。

深红色珊瑚 性喜在水深300米左右的海床生活,分布于地中海水域和非洲西海岸加那利群岛水域、圣多美水域、安诺本岛水域。其中,尤以地中海海域的深红色珊瑚品质最佳。

黑色珊瑚 分布于非洲西海岸"弯腰"处的喀麦隆海域和普林西比水域,同时也伴有蓝色珊瑚出产。

白色珊瑚　性喜在水深100～200米处海床生活，分布于中国海南岛、北部湾、西沙群岛和澎湖列岛，另外还分布于日本的九州、四国等水域。其中，尤以南中国海的珊瑚产量最高，枝体生长状况与红色珊瑚略同。珊瑚群体的高度及幅度约30厘米，基部直径4～5厘米，重量为0.5～1千克，品质极佳。

3 珊瑚的改善与处理

珊瑚属于生物宝石，她虽没有钻石、红、蓝宝石、翡翠等宝石名贵，但高品质的珊瑚价格依然不菲。珊瑚属于有色宝石，所以致密性和色泽十分重要。珍贵的珊瑚颜色限于白色与红色之间，最白者几乎润泽如牛奶一般，而最红者几近于赤（近乎紫色）。我国民众对色彩的喜好代表着东方民族的特色，人们在选择珊瑚颜色时喜好代表喜庆、热烈的红色或者孩儿红般的粉红色；西方人则多喜欢选择淡雅的粉红色，他们称上品的粉红色为天使面（Angelrace）或天使皮肤。

红珊瑚（Coral）胸针、戒指

珊瑚的采撷、切磨、分选耗损较大，尤其在颜色、质地（细腻、坚韧、光洁）等方面要求严格，故最后能选择到高品质的珊瑚并不多。所以，要对珊瑚进行必要的改善和处理。

在茫茫的海洋和五光十色的海底世界中，我们所采撷到的珊瑚并不能马上用于陈列和展示，要使采到的珊瑚成为真正的宝石工艺品，就必须予以改善和加工处理。珊瑚的加工工序与一般宝玉石基本接近，即要经过选材、设计、切割、雕琢、细磨抛光、镶嵌等，而后才能

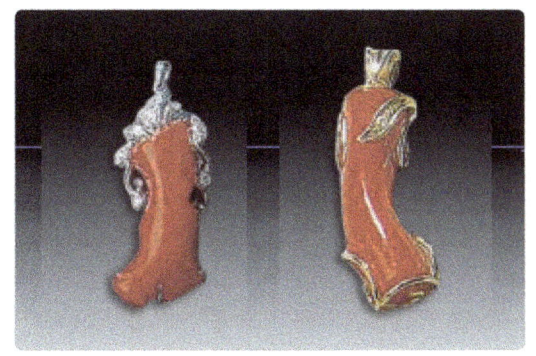

红珊瑚吊坠

成为一件完整的珊瑚作品。现将珊瑚的主要加工工艺介绍如下。

(1) 抛光　国外对珊瑚的抛光处理是用稀盐酸处理代替,即珊瑚制成成品后,先用清水洗净,然后置于水中,倒入适量的稀盐酸,边搅拌边加温,再用清水淋净、晾干,这样就完成了抛光工艺。

(2) 漂白　当珊瑚被制作成成品后,虽然在造型上符合了要求,但色彩并不能被人们所接受。这是因为珊瑚上尚余留有浊黄色而缺少生气,令人生厌。可配制一定比例的双氧水对其进行漂白处理,尤其在生机勃勃的整枝珊瑚上残留有少部分死枝珊瑚,经过漂白以后,可使整枝珊瑚有了统一的基调。黑色珊瑚、暗红色珊瑚经过这种漂白后,还能够改善其颜色,使黑珊瑚改善成金褐色,使暗红色珊瑚改善为粉红色。

(3) 染色　为了使杂色珊瑚(主要是指浅色或白色)更加美观诱人,可用有机颜料将其染成多种颜色;染色后的杂色珊瑚虽楚楚动人,但在长时间佩戴后会逐渐失去丽质,而且染色珊瑚亦容易辨认,应予以注意。

(4) 充填　珊瑚之中,有的品种质地较软、硬度不够高,尚缺致密与细腻,可以对其进行充填处理。具体方法是,先将珊瑚碎块研磨成细粉状,加入调色的合成树脂等物质,然后填入多孔的珊瑚中,或者借助模型灌制成饰物,这样既增加了原有珊瑚的相对密度,同时也可使珊瑚更加坚韧、致密、细腻、光洁。

4 珊瑚的品评与鉴赏

珊瑚是一种珍贵的有机宝石，人类对珊瑚的认识和开发利用已有非常久远的历史，使其演绎和充满了许多神话和饶有趣味的传说。在古印度，人们将珊瑚奉为神秘而高贵的祭祀用品；而在此之前的古代高鲁人，就将拥有许多镶有珊瑚的盔甲和武器视为胜利的象征；早在公元前，印度就与地中海地区的国家开展着贸易来往；古代罗马人常喜好将珊瑚红枝，五颜六色地串在一起挂套在儿童的头上，以期吉祥、安全、童趣和天真。

红珊瑚佛手

古代印第安人非常崇尚珊瑚和绿松石，在他们的许多饰物当中，如项圈、腰饰、帽饰、挂件上都镶有珊瑚，而且工艺既有粗放的又有精细的。同时，他们把红色珊瑚视为最有价值的珊瑚，所以使用也比较普遍。我国对珊瑚的认识、开发同样也比较早，据《山海经·海中经》记载："珊瑚生海中……岁高二三尺，有枝无叶，形如树。"李时珍在《本草纲目》中记述珊瑚是一种药物，具有明目、止血、除宿血的功效。在清代，珊瑚已经成为观赏石，在故宫的许多宫殿中和御花园都有琳琅满目的珊瑚陈列。根据现代科学研究表明，珊瑚的外壁上有生长纹，几乎每天增长一圈纹。现代的珊瑚每年生长360圈，而从石炭纪的化石上可以看出，那时的珊瑚每年生长385圈，志留纪时的珊瑚每年生长400圈。由此可以证明，地球自转速度是由快变慢的，所以珊瑚化石对研究古代天文也很有价值，是一种常见的古生物钟。

对珊瑚的鉴赏，尤其对珊瑚饰品的鉴赏，基本上可以从颜色、质地、大小和工艺四方面来衡量。珊瑚属于有色宝石，所以纯正而鲜艳的色泽十分重要，对珊瑚的

红珊瑚翡翠手镯

选择应注意下列三点：一是颜色均匀，二是颜色愈红愈好，三是重量愈重愈好。珊瑚加工业者对珊瑚的评价标准是：钙质愈丰、质地愈硬、颜色分布愈均匀，则经济价值也就愈高。至于珊瑚的大小，应以愈大愈完整愈好，大者可以作为厅堂或室外环境装饰，小者可以雕琢成饰品。尤其在加工工艺方面，除造型新颖美观外，还要审视制作人员的设计创意及镌雕精细程度。

红珊瑚质量、品类分级表

等级	色泽标准	质地标准	加工标准	大小标准
特级	呈深红、艳红等色，分布均匀，光泽强	致密、细腻、坚韧、光洁	精细、复杂、造型优美	大而完整，高度 > 0.9 米
一级	呈红、鲜红等色，分布较均匀，光泽一般较强	致密、细腻、坚韧	精细、复杂、造型优美	较完整，高度 0.6～0.9 米
二级	呈粉红色，分布较均匀，光泽强弱不一	较致密、细腻、坚韧，但有少量蛀洞	较精细，有的造型较优美	不完整，高度 > 0.15 米
三级	呈浅红、橙红、褐红等色，分布不均匀，光泽弱	欠佳，有较多的蛀洞	一般	残缺、断枝、高度 < 0.15 米

二 琥珀（Amber）

琥珀通常是一种棕黄色透明至半透明的有机质碳氢化合物，是地质史上植物分泌出的树脂，后因地质作用被埋入地下，历经千万年或者亿万年而石化。如果当时植物所滴下的分泌物正好将蚂蚁、蚊虫、苍蝇、蜜蜂等各类小昆虫或小型植物的茎叶包裹住，那么这枚琥珀的价值将会更高。

1 琥珀的性质与特征

琥珀除含有 79% 的碳、10.5% 的氢和部分氧外，还含有铝、镁、钙、锶、铜等微量元素。从树脂组成看，主要为松脂酸、海松脂酸、琥珀酸、琥珀脂醇、琥珀以及少量的硫化氢，其形状常为不规则的块状、粒状、瘤状、水滴状、结核状和扁饼状等。透明琥珀色呈桃红者，称为琥珀，而呈金黄者，称为金珀。此外，还有的呈黄色至蜜

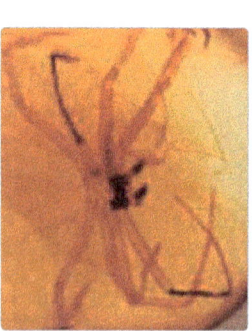
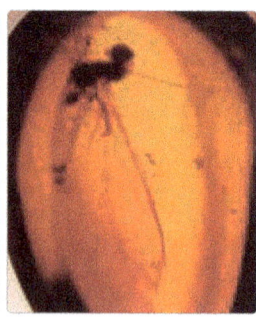

琥珀（Amber）中的昆虫

黄色、棕色至棕红色、淡绿色至绿褐色、浅红色至浅棕色等。

琥珀常呈松脂光泽的不规则块状并产于煤层中，有时有浑浊的浊度外皮。在某种环境中产出的琥珀，具有非常美丽的树脂光泽；还有一些则带有珍珠光泽，半透明至透明。琥珀也有不透明者，颜色多为黄色或橘黄色，其中不透明者称为蜜蜡。琥珀蜜蜡常被制作成串珠和印章，同样惹人喜爱。

琥珀是在各类宝石中重量最轻的品种，相对密度为1.05～1.12克／厘米^3，在饱和的盐水中可半浮于水面；琥珀硬度比较低，仅2～3度，性脆，用硬器轻轻刻划便有痕迹；琥珀的断口表面通常显示一种贝壳或角质状破裂，其韧性差，如遇外力冲击，往往呈入射状碎裂；琥珀的折射率通常为1.54，但某种情况下也会呈现双折射现象；其发光性为，在长紫外线下显蓝白色，而在短波紫外线下呈黄绿色；琥珀的导热性差，当人用面部接触时会有温暖感，在加热至150 ℃时便开始软化，在250～300 ℃时开始熔化；琥珀在灼烧时可散发出松香气味，在摩擦时可产生静电；琥珀在酒精中可以溶解，而稀硫酸、热硝酸、汽油、乙醚和松节油等都对其有溶蚀作用。

2 琥珀的类别与分布

琥珀的品类十分丰富，根据天然琥珀的色泽、纹饰、透明度、质地等方面的差异，可以将其分为数个品类，详见下表。

琥珀一般产于煤系地层和海滨的砂矿中。现今，世界上琥珀的主要产地在波罗的海沿岸及周边国家，以及俄罗斯、波兰、德国、意大利（西西里岛）、罗马尼亚、法国、英国、挪威、瑞典、加拿大、墨西哥、印度、缅甸等国。波罗的海是世界上出产琥珀最著名的产地之一，由于海浪的冲击，埋藏在海底地层中的琥珀被掀翻了出来，并被抛落至海滩上。所以，在波罗的海的一些海滩上可以见到各种琥珀，人们可以像在海滩上捡拾贝壳一样寻觅到琥珀。正因为如此，古代人还误认为琥珀是在海底生成的哩。

我国也有许多地方出产琥珀。古时，我国云南等地就有许多出产琥珀的地方，如保山地区、哀牢山地区、永平地区和南丽江

琥珀的品类及其特征

种类	色泽	透明度	质地	品级
血珀	赤红如血	透明	无裂及其他任何缺陷	为琥珀中之上品
金珀	呈金黄色	透明	无裂纹及其他任何缺陷	为琥珀中之中品
灵珀	呈蜜黄色	透明度高	无裂纹及其他缺陷	为琥珀之上品
花珀	有红白或黄白相间花纹	透明至半透明	外观如马尾松	为琥珀中之上品
蜡珀	呈蜡黄色	透明至半透明	有蜡状感	为琥珀中之上品
明珀	色似松香或呈橘红色	透明度较高	无裂纹及其他缺陷	一般为琥珀之中品
香珀	呈松香色	与松香透明度相同	质地松脆	一般为琥珀之中品
水珀	呈浅黄色	透明如水	外皮比较粗糙	一般为琥珀之中品
石珀	呈黄色	透明度高	犹如岩石小块	一般为琥珀之中品
浊珀	含大量气泡及其他杂质	呈浑浊状	含杂质	一般为琥珀之下品
泡珀	呈白垩状	不透明	不能抛光	为琥珀之下品或劣品
虫珀	呈蜜黄色	完全透明	无裂纹及其他缺陷	为琥珀之特级品

地区。其中，最大的一枚琥珀就出自哀牢山，重达20余千克。除此以外，我国的黑龙江、吉林、辽宁、新疆、陕西、河南、湖北、四川等省也有琥珀产出，其中尤以辽宁省抚顺地区的琥珀较为著名。

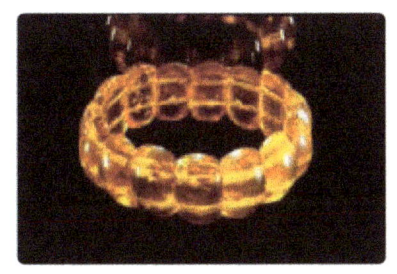

琥珀手镯

3 琥珀的改善与处理

任何宝石都有精品，但数量有限。为了使那些尚未达到精品级的琥珀更具欣赏和利用价值，人们往往需要对琥珀进行改善与处理，具体方法如下。

（1）净化　为了使琥珀更为透明，对一些含有杂质或有云雾状的琥珀可以将其置入植物油中并加热进行润温，从而使其变得更为透明。此种方法虽然可能使原有琥珀产生浮萍状和辐射芒状，但可根据此类裂纹，对琥珀进行鉴定。

（2）染色　琥珀被采出后，与人类相处的时间愈久，就愈显沧桑感，并使其彰显出老货的身价而具古色古香的外观。但这种老色外观可以通过染色来进行模仿，这是收藏者需要注意的。同样，通过染色也可以使琥珀变成收藏者所期望的颜色，从而更丰富琥珀的质量和品种。

（3）仿制　为了使琥珀品种有更广泛的多样性，人们便使用现代技术生产再造琥珀。人们可以将一些不能制作首饰的次等琥珀，碾碎成粉状，加上适量的环氧树脂，在 2.5×10^6 帕的压力和 200～230℃温度下压制成型，制成再造琥珀。

在天然琥珀及其仿制材料中，除下表所列外，仿制材料还有：酚醛树脂、酪朊塑料、氨基塑料、聚苯乙烯、赛璐珞、有机玻璃、电木、玻璃、卞髓等。

天然琥珀及部分仿制材料鉴定依据表

天然琥珀及仿制材料	折射率	相对密度（克／厘米^3）	其他鉴定依据
天然琥珀	1.54	1.08	树脂光泽，硬度2～2.5，摩擦生电，导热性差，燃烧时发出芳香气味，有的含昆虫
再造琥珀	1.54	1.06	可有气泡，在紫外线短波下有鲜明的白垩蓝，高温下颜色变深
柯巴树脂	1.54	1.06	容易生裂，热针与之接触易熔化，涂上乙醚或酒精揉搓时会变软，燃烧时有树脂气味

4 琥珀的品评与鉴赏

相传，琥珀是美人鱼的眼泪，当琥珀最初被发现时，曾经作为货币在北欧的市场上流通过。比之作为货币流通的贝壳，人们对琥珀显得更加钟爱，因为她有色彩、有质地，还含有被包埋的栩栩如生的昆虫。

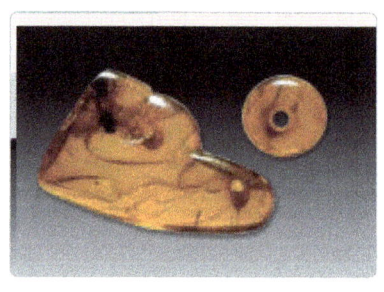

琥珀

我国古代将琥珀视为玉石，并以颜色、块度、透明度和独有的内含物作为优劣的评价标准。

（1）颜色 琥珀为透明红色略带雅气者、透明绿色略带雅气者最具价值；红色至橙黄色的琥珀，若色浓、色正、色透明并伴有骨脂状光泽者为最佳；常见的则是带黄的白色、带黄的橙色、褐黄色或鲜黄色。

（2）块度 琥珀要求有一定的块度，我国河南西峡产的琥珀，不仅储量大、质量佳，而且是窝子矿，大窝可挖几千千克，小窝也有几十千克。这里曾发现一块重达5.8千克巨大块度的琥珀,被称之为"琥珀之王"。

(3) 透明度　优质的琥珀要透明度高、洁净清朗、无放射裂纹,如水晶般的晶莹剔透者被列为上品,极其珍贵;半透明或不透明者次之或为下品。

(4) 包裹体　琥珀是以所含生物是否清晰、珍贵,动物的生态形象是否生动决定其收藏价值,若琥珀中昆虫、植物或群虫微观生态富有韵律且形象生动,则价值较高。

琥珀除了波罗的海滩沉积的含昆虫琥珀化石以外,北美洲的加拿大中生代陆向沉积地层中也发现有许多含有蜘蛛的琥珀化石。在地处波罗的海东海岸的圣彼得堡,在沙皇时代曾在冬宫内建了一座举世闻名的琥珀宫。宫内的四壁、宫中的摆设和雕像,全部都用琥珀装饰或琢制,若伫立其中,别具一番风味和感慨。

美丽质佳的琥珀,既是珍贵的珠宝饰品,又是名贵的药物。琥珀性平、味甘,有安神镇惊、活血化瘀、利尿通淋之效。

琥珀是橙色宝石,具有甜美、温暖、兴奋和喜悦的色彩,因为琥珀象征着火焰燃烧的颜色,所以她也是吉祥快乐的颜色。

琥珀宝石太美了。

琥珀坠子 (5.5厘米×6.2厘米)

三

象牙(Ivory)

在宝石领域中，象牙虽然不是珍贵的珠宝，但象牙质地精美、柔韧细腻、光洁如玉、拥有圆润而软熟的美感，尤其是具有独特、富丽的奶油色泽而受到人们的普遍喜爱。人见人爱的象牙还能激发工艺美术大师的灵感，象牙雕刻作为一种特种艺术，她的发展在中国工艺史上占有十分特殊的重要地位。由于象牙雕刻艺术品极其精美，常常引发收藏者内心的共鸣，故国内外的收藏家都十分钟爱象牙制品。

文献记载表明，在殷商时代，我国已出现了精美的象牙饰品；至明、清时期，象牙雕刻一直作为奢侈品而被上层社会所拥有，

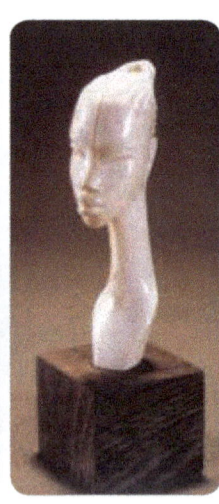

刚果民主共和国的象牙（Ivory）雕像

象牙饰品的造型和纹饰也随着贵族豪门的喜好而日趋精美和华丽。至清代中期，象牙雕刻已进入鼎盛阶段，其富丽精繁的制作水平，简直无与伦比。几千年以来，人们将其制作成精美的牙雕首饰工艺品和实用工艺品，成了精美绝伦的传世之作，至今则更是成为稀世珍品而为众多博物馆所珍藏。

象牙镂雕鲅彩首饰盒
（10厘米×14.8厘米×7.6厘米）

作为一种宝石的象牙，是指长在象上颚上的两颗又长又大的牙，这两颗长牙可随象的年龄增大而继续增长，等长到一定长度便开始弯曲。此外，海象和河马牙也可用于制作成工艺品。

1 象牙的一般特征

象牙包含无机成分和有机物成分两类物质。其中，无机物成分主要为磷酸钙和碳酸钙，有机成分主要为30%～35%的胶原蛋白。胶原蛋白把磷酸钙和碳酸钙紧密地结合在一起，组成具有特殊有机物构造的致密而牢固的牙质。

象牙一般为弧形，长到一定程度即开始弯曲；象牙的牙根为全长的1/3，生长在牙与头骨相接处；在象牙的横断面和纵断面，有不同透明度的、具微细纹理的、黄白相间的纤维构造，在横断面上呈曲线，而在纵断面上则呈直线。

大部分非洲象牙均为淡黄色或奶油色，随时间推移，会由淡黄色变成姜黄色，直至变成浅棕色，如考古发现的史前猛犸

远古象牙图腾饰品

刚果民主共和国的象牙半裸女雕像

象的象牙常呈蓝色，偶而还有呈绿色的；非洲象牙具有油脂光泽和膜状光泽，柔和滋润，有微透明的感觉；象牙的硬度一般为 2.5～2.75，能被硬器划痕，相对密度为 1.70～1.90 克／厘米^3，象牙的折射率一般为 1.53～1.54，在长波紫外光照射下能发出蓝色或紫色荧光，在 X 线照射下不发光；象牙曝晒后会变黄，过于干燥易脆裂，遇酸易软化溶解，遇火则会破裂燃烧。

大象是世界范围内受到保护的濒危动物，在世界各地均属禁猎对象。象牙大多出自非洲，主要产在喀麦隆、加纳、刚果民主共和国、加蓬、塞拉利昂、坦桑尼亚、卢旺达和莫桑比克等热带草原国家。在亚洲的印度、斯里兰卡、泰国、缅甸、巴基斯坦、马来西亚和我国的云南也有野生大象分布。

 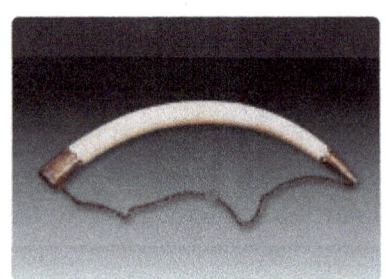

索马里镶银象牙钥匙　　　苏丹镶金象牙挂饰

2 精雕细琢更显华贵

象牙用在首饰上并不多见，而比较常见的是制作成项链、首饰、手镯、胸针以及权杖、化妆器物、扇子、筷子、果盒、笔筒、红绿牙拨、通天牙笏、白牙尺、牙刀柄、剑鞘等。象牙以雕刻工艺品居多，如室内摆饰、人物、山水浮雕、佛像、文房四宝、餐具花瓶等。象牙的珍贵并不仅仅是因为象牙本身稀有，而在于象牙经优秀雕刻工艺大师们雕琢后，其作品所含的艺术价值。在我国，精美的牙球透雕、象牙席等都是艺术价值极高的工艺品。

象牙雕绘人物折扇（20厘米×28厘米）

摩洛哥的象牙、红宝石戗花腰刀

象牙工艺历史久远，早在7000年前的新石器时代，浙江余姚河姆渡古猿人就雕琢出了刻有几何图案与动物形象的象牙片和小件牙雕器物。象牙工艺至唐代已进入成熟阶段，浅浮雕、高浮雕、镶雕等雕刻技法已运用自如。清代是我国象牙雕刻的鼎盛时期，康熙皇帝曾在宫中设置27个作坊来研制各类象牙工艺品。清代牙雕风格分南、北两派，南派（亦称广派）侧重雕工，

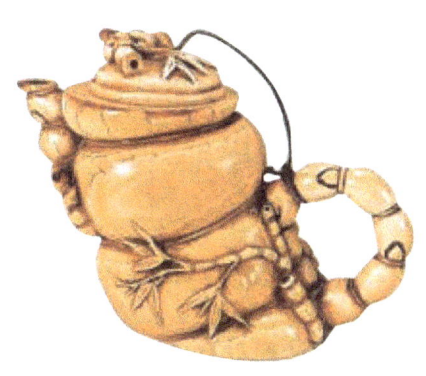
象牙雕竹根茶壶（9厘米×10厘米）

经漂白后多质白莹润，以精镂细刻、玲珑剔透见长；北派（指北京果园场）除精雕细琢外，还非常重视磨工，使北派牙雕在艺术上形成了华丽、庄重、纤细富贵，大气典雅的风格。

我国清代，在南方广东雕刻的象牙球工艺品，随着雕琢技艺的发展和成熟，象牙球面多以高浮雕搭配镂雕技法雕刻人物、花果、云龙和走兽等纹饰，内层套球则各以浅雕及镂空刻饰成各种丝网花纹点缀球体，内外球体的套数从初期的1～2层，逐渐发展到36层。如此精妙的雕琢技艺实在令人叹为观止。若将雕琢成的牙球，置于雕镂繁复精致的台座之上，作为室内环境的饰品，则更具特色。

由象牙编制而成的凉席，也是我国平面编结艺术的体现，南北朝时，我国就有此物。传说，清雍正皇帝登基以后，广东地方官吏，将象牙艺人编制的五卷象牙席运送进京作为贡品，此后便成宫中珍品。象牙席洁白细腻，平整光滑，纹理细密均匀，柔软舒适；夏日时节使用，具有避暑热的功效。由于此物传世稀少，现仅故宫博物院有收藏。

象牙镂雕香熏炉（29.5厘米×32厘米）

捌 如何选购

称心如意的宝石饰品

在选购宝石的时候，宝石的鉴别问题不可避免地摆在了宝石爱好者、饰用者和宝石专业人员的面前。当我们在和各种美丽宝石不期而遇时，如何用肉眼去鉴别宝石的真伪和优劣，便是一项不可或缺的本领。

对大多数人来说，不可能像学生那样集中时间和精力，通过全面系统的学习来掌握这方面的技能。但是，可以通过本书在一定的时间内逐步地、较快地了解一些宝石的种类和特点、了解一些选购宝石的常识。这不仅有助于"沧海拾宝"，而且对学习、掌握宝石肉眼鉴别的方法也是很有帮助的。

一、常见宝石的种类和特点

除传统上作为宝石的某些有机物质，如珍珠、珊瑚、琥珀等外，人们所称的宝石绝大多数都是符合工艺要求的天然矿物晶体。目前自然界已知的矿物约有3 000种，但可作为宝石的只有100多种，而在宝石业中常见的只不过20余种。

宝石界一般习惯上将钻石单独列为宝石的一个大类，而将其他宝石作为另一大类，统称为有色宝石。国际珠宝市场上常见的有色宝石有：刚玉类宝石（红宝石、蓝宝石、星光红宝石、星光蓝宝石等），绿柱石类宝石（祖母绿、海蓝宝石、金绿柱石、铯绿柱石等），金绿宝石类宝石（变石、金绿宝石猫眼），黄玉类宝石（酒黄色黄玉、金色黄玉、蓝黄玉等），水晶类宝石（紫晶、黄水晶、烟晶等），电气石类宝石（各色碧玺），石榴子石类宝石（红榴石、贵榴石、翠榴石、黄榴石等），以及锆石、尖晶石、橄榄石、松石、玛瑙和传统的翡翠、红珊瑚、珍珠等。

不同的宝石有不同的化学成分、物理特性和光学性能。宝石专家们正是根据这些差异对各种宝石进行鉴别。但宝石也有着非常鲜明的共性，即她们都具有颜色艳丽、晶莹华美、折射率高、光彩夺目、硬度高、经久耐用而又非常稀少的特点。正是这些特点，形成了宝石特有的价值和装饰效果，吸引着广大宝石爱好者和消费者。

决定宝石价格的因素

宝石的价格首先取决于宝石的颜色和光彩。而这些是由宝石矿物本身的颜色、光泽和折射率等特性决定的，同时，这些特性也是划分同一类宝石档次高低的重要依据之一。例如，绿柱石类宝石由于在形成过程中所含致色元素种类和数量不同，使宝石颜色表现出很大的差别，从而可分出高档的祖母绿、中档的海蓝宝石、金绿柱石、艳绿柱石和低档的普通绿柱石。因此，她们的商品价格也就相差极为悬殊。

决定宝石价格的第二个因素是：宝石的耐用性。它取决于宝石矿物本身的硬度、韧性和化学稳定性。档次高、质量好的宝石应该是颜色和光泽经久不衰、抗磨损、耐腐蚀，也不易因环境的改变而影响宝石品质。

决定宝石价格的第三个因素是：宝石的稀有性。由于宝石对形成环境和条件要求十分苛刻，因而在自然界中产出极少，在这极少的矿物中，高档次、高质量的则少之又少。物以稀为贵，这就是宝石价格大多很高的原因。

决定宝石价格的第四个因素是：历史因素、传统心理、宗教信仰等。不同地域、不同民族对某些种类宝石偏爱有加，在一定程度上会影响到此类宝石在特定区域的价格。比如在我国、日本及东南亚地区，人们对翡翠的偏爱就是很好的例证。

三

同一种宝石价格悬殊的原因

绝大多数天然宝石都是在地壳内形成的。地壳内形成宝石矿物的物理、化学环境、地质作用条件及其演化过程是千差万别、错综复杂的，即使同一种矿物的形成条件也有一定的变化范围，这就造成了同一种宝石矿物品质上的差别。例如，红色刚玉中呈鸽血红的为优质、高档的红宝石，这种红宝石只有在极为理想的条件中才能生成，故自然界中产出极少，其价格比同样重量的钻石还高；而颜色不纯正、微透明或不透明、有裂纹发育和瑕疵多的红刚玉，在自然界中的产出量则相对较多，她们中有的虽然也可以作为价格低廉的中、低档宝石，但大多数却达不到宝石的标准。

另外，宝石颗粒的大小对其价格也有很大的影响。在质量相同的情况下，宝石颗粒越大，每克拉的价格增长幅度就越大（1克拉=0.2克）。宝石的切磨质量或者说加工水平也直接影响着宝石的颜色、光彩和整体外观，对其价格也有一定的影响。

总之，同一种宝石矿物中有的具有宝石品相，有的则不能列入宝石范畴；即使同一种宝石，品质也有优劣之分、颗粒也有大小不同、切磨质量也有好坏之别，所以，宝石价格相差甚为悬殊。

四 宝石的价格趋势

宝石市场价格的波动，总的讲是受宝石资源的供应情况和世界经济形势两大因素制约的。只要宝石资源供小于求的状况不改变，世界经济形势不发生大的波动，宝石价格看好的局面就不会改变，且会呈平稳上升的趋势。

自第二次世界大战以来，国际市场上黄金价格有过多次波动，有时甚至是大起大落，而优质的钻石、祖母绿、红宝

2013年佳士得在伦敦展出一颗101.73克拉D色（钻石最高色级即完全无色）极其纯净（Type IIA 亦为最高级）完美无瑕钻石，它是人类所知最大梨形钻石之一。5月15日佳士得将在日内瓦拍卖，有望拍出合1.3亿人民币

石、蓝宝石等高档宝石的价格却极少波动，且始终在稳步上升，这充分显示了优质高档宝石的保值性。随着经济的发展和物质文化生活水平的提高，人们对既有美化生活又有很强保值作用的宝石需求势必会不断增长。同时，宝石资源是不能再生的，虽然历年来都会有一些新的发现，但宝石仍远远满足不了市场的需求。因此，宝石市场求大于供，宝石价格平稳上升的趋势在相当长一段时间内是不会逆转的。

五 怎样选购宝石首饰

人们佩戴珠宝首饰，除了追求装饰效果外，往往还要考虑其象征意义和纪念意义。国外比较流行的是按个人的出生月份来选择相应的宝石，亦即所谓的诞生石。

当你决定购买某种宝石以后，在选购宝石首饰时，首先要弄清摆在你面前的是真宝石还是假宝石，是天然宝石还是合成宝石，同时还要弄清楚镶嵌宝石所用的金属种类和成色。当然，这对于一般的消费者来说是比较困难的。但你不妨多看看，多问问。凡讲求商业道德和信誉的珠宝店都会如实地将

以月光效应为突出特征的月光石，具猫眼效应

星光透辉石，具气液包裹体和丝状物，有星光效应和猫眼效应

这些商品信息告诉你。在确定自己打算购买哪种宝石首饰后，再进行挑选。可先选款式，再看尺寸是否合适，还要仔细检查宝石的质量和首饰的做工及工艺。

检查宝石质量时主要看宝石的颜色是否纯正，色泽是否均匀，表面是否平滑光亮，内部是否纯净，琢型是否准确，有无划痕、裂纹、崩角、崩边及影响美观的包裹体等瑕疵；在检查猫眼宝石和星光宝石时，还要注意猫眼线和星光线是否清晰、完整、对称、灵活。宝石质量的优劣就是根据这些方面的好坏程度来决定的。在挑选配对的耳饰、串珠和群镶首饰时，除了要检查单个宝石的质量外，还要注意宝石的搭配是否适当。由于天然宝石有"十宝九裂"的说法，所以几乎没有完美无瑕的天然宝石。因此，在检查宝石质量时也不必过于挑剔，但必须掌握"小瑕不掩大瑜"的原则。也就是说，只要宝石的整体外观给你一种具有吸引人的美感，即使有些小的瑕疵或缺陷也无妨。

检查首饰的做工，主要是看宝石镶嵌是否牢固，金属抱爪、包边等是否整齐匀称，造型是否周正；金属表面是否颜色均匀光洁，持钩、搭扣等零件是否牢固好用。最后还应看看首饰上有无图记，凡正规厂家生产的金银首饰，都刻有厂家的代号和贵金属的成色标记。

六

如何避免买到假宝石

宝石世界五光十色，琳琅满目，引人入胜，特别是优质高档宝石，不仅具有迷人的美感，而且具有相当强的保值性，因而历来都被作为财富的象征。然而，宝石在自然界中产出稀少，来源有限，价格昂贵。多年来，人们出于各种不同的目的，往往利用一些价格低廉的天然材料或人造材料，直接或经过黏合后仿制出各种"宝石"，这就是人们常说的假宝石。为了避免买到假宝石，了解一些识别真、假宝石的简单而实用的知识是非常必要的。

玻璃是用得最早、用得最多的宝石仿冒材料。目前市场上比较多见的假宝石就是玻璃制品。由于玻璃的颜色、折射率、相对密度等都可以在制造时加以控制，因此加工后的玻璃性质可以接近多种宝石。但宝石都是晶质体，传热比较快，而玻璃是非晶质体，故传热比较慢。因此，用手摸或用舌舔时，宝石有凉感，而玻璃有温感。用放大镜观察时，在玻璃的表面和内部都可见到弯曲的或旋涡状的流纹，在内部还常常伴有数量不等的圆形或椭圆形气泡。另外，玻璃性脆，加工

▲ 星光红宝石

和镶嵌时常出现崩角、崩边等损伤,在操作处可见贝壳状断口。用玻璃铸造的假宝石,还会留下铸型的痕迹和平面内凹的特征。

市场上能见到的另一类假宝石是所谓的黏合石。这类假宝石按制作方法的不同又有复合石、背箔石和覆膜石之分。

复合石是用两种或三种不同的材料黏结到一起后再切磨抛光而成,目前多用以仿制祖母绿和增加欧泊的强度及游彩效果。

背箔石是在某些廉价材料或人造材料的背面粘贴一层反光的金属箔制作而成,常用以制作假的星光宝石和猫眼宝石。用这种方法制作出来的星光线或猫眼线往往异常清晰、完整,但却过于纤细、整齐而缺乏活动性,故显得呆滞。

覆膜石则多采用非金属镀层技术把色彩覆盖到劣质宝石表面(用以改进宝石的颜色或掩盖其他缺陷)制作而成。这种假宝石的表面会给人一种没有抛光的感觉。

由于假宝石的用料和制作方法五花八门,特别是黏合石类假宝石,由于制作精细,镶嵌时又巧妙地把黏结处和背面掩盖起来,一般的消费者是难以鉴别的。因此,打算购买宝石首饰时,切莫贪便宜,最好到讲信誉的正规珠宝店去买,以免上当受骗。

七

人造宝石与天然宝石的区别

由于天然宝石稀少而昂贵,许多人造宝石便应运而生。这些在人工设备中通过合成生产出的宝石,在宝石学上统称为人工合成宝

合成刚玉是最常见的人造宝石矿物之一，除用作宝石外，在技术上也有广泛的应用

石或合成宝石。几十年来，随着科学技术的进步，人造宝石的品种越来越多，质量越来越好，几乎每一种昂贵的天然宝石都可用人工合成方法来仿造。目前，世界上已能生产的人造宝石有：合成刚玉、合成星光石、合成尖晶石、合成金刚石、合成水晶、合成金红石、合成祖母绿、合成石榴子石、合成锶钛石、合成锂铌石、合成欧泊和合成立方锆石等12大类。在国内市场上比较常见的是合成刚玉类中的合成红宝石（国内珠宝界称之为鲁宾石）、合成变色蓝宝石（国内珠宝界称之为变石）、合成水晶和合成立方锆石。

如果说鉴别真假宝石难，那鉴别天然宝石与人造宝石就更难。这是因为绝大多数人造宝石都有与其相对应的天然宝石基本相同的化学成分、物理特征和光学特性。因此，即使受过专门训练又有丰富实践经验的技术人员，有时单凭经验也难以区分，必须借助仪器测试才能加以鉴别。

不过，由于人造宝石价格低廉，可以采用机械化加工，因此常常被切磨成椭圆多面形、阶梯形、变形阶梯形等复杂而又对称的琢型，且多按标准尺寸生产，表现出规模化产品的特点。加工过程中的快速抛光，又常常在这类宝石的刻面交接处或附近甚至整个刻面上造成不规则的裂纹。这些特征在天然宝石中是很难见到的。当然，为了防止失误，最好还是请有经验的专家帮助鉴别或进行测试。

宝石鉴定书

这些年来，随着商品经济的发展，珠宝市场十分活跃，经营珠宝首饰的商店越来越多。由于许多从业人员甚至经营者都缺乏珠宝知识，更不掌握鉴别技术，致使一些伪劣珠宝首饰通过不同渠道流入市场，以致发生以假宝石冒充真宝石或以人造宝石冒充天然宝石的情况。由于真宝石和假宝石、天然宝石和人造宝石在价格上相差悬殊，一旦误将假宝石或人造宝石当真宝石或天然宝石买下，将会蒙受很大的经济损失。例如，一颗合成红宝石（鲁宾石）戒面的售价只有几元至十几元，而一颗同样大小的天然红宝石的售价至少在万元以上；一颗优质高档翡翠戒面的售价一般都在万元以上，而一颗同样大小的染色翡翠戒面最多只值几百元。因此，当你购买宝石首饰特别是高档宝石首饰时，最好请卖方附上权威单位对该宝石的鉴定证书或双方一同将宝石送请权威单位鉴定无误后再成交。

宝石鉴定书的内容应包括所鉴定宝石的照片和该宝石的形状、重量、色相与透明度、外观特征、折射率、偏光性、相对密度、多色性、放大检查、分光检查、滤光镜检查、荧光性等鉴定结果。这些项目的测试，都是在不触及宝石和宝石首饰的前提下进行的，购买者对宝石的安全性尽可以放心。凡专业机构出具的正规宝石鉴定书，表面应覆有防止涂改的透明薄膜。

十分兴旺的新疆玉石"巴扎"

玖 附 录

一

当今国内外珠宝玉石市场

珠宝玉石的贸易，是现代世界商贸活动中获利最高的贸易之一，国际宝玉石市场遍布全球100多个国家和地区，各国都在竞相发展，但发展的速度和水平相差极为悬殊。而通过宝玉石贸易，确实给相关国家的经济发展和人民物质文化生活的提高创造了很有利的条件。

当今世界的珠宝需求从20世纪90年代末期每年5%～10%的增幅提高到21世纪每年15%～20%的增幅。中档及高档珠宝玉石的价格则以每年10%～30%的幅度增长，全世界珠宝玉石年贸易总额逐年增加的趋势也相当迅猛。因此，世界珠宝玉石的前景是广阔的。

世界著名的高档次的宝玉石，主要产自少数国家，特别是发展中国家。如被称之为"五皇一后"的钻石、祖母绿、红蓝宝石、金绿宝石、翡翠和珍珠，分别产自刚果民主共和国、博茨瓦纳、南非、缅甸、斯里兰卡、泰国、柬埔寨、澳大利亚、哥伦比亚、津巴布韦、阿富汗等国。20世纪90年代，世界珠宝玉石的主要消费国则是一些发达国家和地区，如美国、日本、法国、英国、意大利、加拿大、瑞士、德国、中国香港和中国的部分沿海城市。其中，日本和美国分别占世界珠宝销售额的29%和30%，西欧占18%，日本人均每年用于珠宝消费的金额是350美元，美国人均每年的消费金额为300美元，意大利为250美元。东亚和东南亚地区在20世纪70年代后的珠宝消费额也迅速增长。据统计，近些年来，东

缅甸翡翠原石交易市场

亚和东南亚地区钻石的需求量激增,平均年增长率达10%,占世界钻石销售量的30%,是全球增长速度最快的地区。这充分反映了摆脱贫困富裕起来的人们对珠宝的强劲需求。另外,从黄金消费看,世界用于珠宝首饰加工的黄金约为2 200吨,其中新加坡和我国的香港、台湾地区就占45%左右,为900~1 000吨,这从另一侧面反映出,人们对珠宝首饰需求的旺盛。

目前,中国已成为仅次于美国的世界第二大珠宝首饰消费市场,一些重要珠宝产品的消费已居世界前列。我国2009年黄金消费近500吨,取代印度位居世界第一。2010年首饰黄金用量达到432吨,较上年增长19%,黄金首饰消费约1 150亿元;我国的铂金消费量多年来也一直居世界第一,2009年首饰用铂金消费约54.5吨,占全球首饰铂金用量的71.5%;年钻石首饰消费总额超过250亿元,首次超过日本,位居世界第二;我国还是世界上最大的玉石加工及消费国,年消费量超过200亿元;珍珠年产量约1 400吨,占世界珍珠年产量的95%以上。

改革开放以后,中国珠宝玉石市场强劲发展的动力主要基于中国国内时逢盛世,国民经济和谐发展,工业化程度、科学技术和人民物质文化生活水平都有显著提高,珠宝玉石资源状况及加工工艺、民族传统等,致使珠宝玉石市场发展具有自己的特色。

数十年来,为了促进珠宝玉石贸易业迅速而健康地向前发展,国家采取了有利于珠宝玉石贸易发展的政策,我国现已成为世界上日趋成熟的、竞争最为激烈的珠宝玉石消费市场。在珠宝玉石消费的品种方面,仍然以"五皇一后"为主体。其中钻石、翡翠销路最畅,而红宝石、蓝宝石也深受民众的喜爱并有极大的市场,其他各种紫水晶、黄水晶、欧泊、橄榄石、石榴子石、黄玉、海蓝宝石、祖母绿以及电气石等中低档宝石,在不同地区的需求量也正在大幅度地上升,并向宝石首饰的系列化、套装化发展。同时,由于中国同世界上的 100 多个国家或地区建立了友好往来,珠宝玉石的对外贸易业也取得了举世瞩目的巨大成就。所有这些都为中国的珠宝玉石市场的发展创造了良好的条件,大量的珠宝玉石产品,除供国内需求外,销往国际市场也已成为不可抗拒的潮流。

1 国际钻石市场

国际上比较著名的成品钻石批发中心有四个(其中包括切割中心),它们分别是美国的纽约、比利时的安特卫普、印度的孟买和以色列的特拉维夫。它们向世界各地的首饰制造商、批发商、零售商和广大的消费者提供各类花色繁多的成品钻石。至于价格方面,则由 De-Beers Central Selling organization 在国际市场上控制得非常稳定。但是,钻石的升幅同样被控制在 10% 左右。大钻小钻的流通,都由世界上比较显赫的几个大拍卖行通过拍卖成交。市场销售价格一般都由设在安特卫普和纽约的专门机构每月提出指导报价,再由各方参照执行。

2 红宝石和蓝宝石市场

在有色宝石中,价值可以与无色钻石媲美的就是红宝石,其

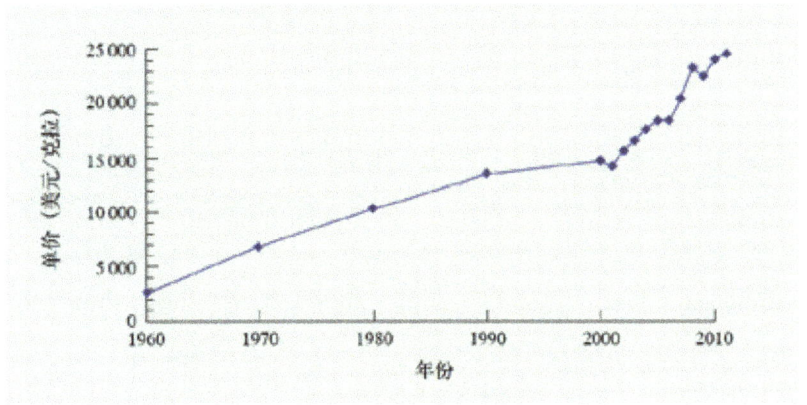

世界钻石价格变化趋势

次是蓝宝石；在价格方面，则以红宝石最昂贵，蓝宝石次之。缅甸是世界上著名的红宝石产地，抹谷以盛产高品质鸽血红称著于世，孟素则是红宝石储量最大的地方。被人们称为宝石之岛的斯里兰卡，宝石从业人员达100万人，技术人员达3.8万，斯里兰卡的宝石主要出口欧美等国。欧美人士体型高大，皮肤白皙、性格豪放，他们喜欢线条简洁、色彩鲜艳、透明度较好的红宝石和蓝宝石。所以，大部分出口德、英、日、美、瑞士等国。泰国的宝石工业在东南亚首屈一指，许多国家将大量的红宝石、蓝宝石，通过多种渠道集中到泰国加工销售，曼谷和其他城市宝石加工业已形成规模，年产值达5亿美元以上。

红宝石和蓝宝石同为刚玉，理论上价格应该相等或十分接近，但事实并非如此。蓝宝石的价格在国际市场上要低于红宝一倍以上，主要是因为蓝宝石的产地比较多，产量也较大，而且大颗粒的蓝宝石比较容易发现。澳大利亚是世界上最著名的蓝宝石矿业中心，产量占世界蓝宝石产量的70%，年产值超过2 500万美元，每克拉蓝宝石平均价仅0.3美元。泰国珠宝商在当地低价收购，经加工处理后则以高于原价167倍的价格（50美元／克拉）销往欧美。而一些蓝宝石著名产地，如克什米尔、缅甸、柬埔寨、斯里兰卡、美国的蒙大拿和澳大利亚等出产的蓝宝石真品价格十分昂贵，畅销市场也全部在欧美国家。

当前，国际市场上高档次的精品级红宝石、蓝宝石价格十分昂贵。一颗重14.65克拉的刻面鸽血红宝石售价为143.5万美元，每克拉约合10万美元。"首饰三性"中居首位的是艺术性，而艺术性中又以宝石的颜色最重要。决定红宝石价格的因素同样是颜色，带有"多味"色调的、融于红宝石色调的"纯红色"是最受市场欢迎的。品味则随市场而异，亚洲买家偏爱略带淡蓝色的缅甸红宝石，而呈深酒红色的泰国红宝石则流行于欧美的买家。

3 翡翠、祖母绿市场

翡翠，欧美人士称其为皇家玉，原因是我国清朝开始，朝廷上下都喜欢这种翡翠绿的玉。慈禧太后喜爱皇家翠玉胜过钻石花冠。世界上生产宝石级翡翠的国家主要是缅甸。选择翡翠颜色固然重要，但质地也应重视，否则就显现不出青翠欲滴娇艳的绿色，人们认为水头足、映照好的翡翠使人健康、延年益寿，护身吉祥如意。因此，翡翠在东方民族尤其是华人中特别受到宠爱。20世纪90年代以来，高档次翡翠价格已经上扬了20～50倍。亚洲人，尤其东南亚地区的人特别钟爱翡翠，她虽然产在缅甸，却深受十几亿中国人的喜爱。所以，欧美人士不把翡翠称为缅甸玉，而是称其为中国玉，翡翠不仅热销世界，在东南亚地区的销售市场则更加庞大、集中。祖母绿的商业分类以产地作为标准，其中以产自哥伦比亚的祖母绿最尊贵，品质相当澄明纯绿，尤以Muzo矿场出产者色彩最为优美。在国际批发市场上，每年大约有10亿美元的祖母绿在流通着，而其中哥伦比亚祖母绿就占55%，其他的则多产自巴西、俄罗斯、赞比亚和津巴布韦。

4 珍珠市场

在宝石中，自古以来珍珠一直是最珍贵的财富，珍珠已成为世界性的珠宝。在日本，珍珠可以与钻石媲美，被认为是最高尚的珍宝，人们尤其对浅色的珍珠有着普遍的喜好。天然珍珠产量较少，价格也很高。近几十年来养殖珍珠发展迅速，产量剧增。目前，日本已取得全球养珠业的盟主地位，美国则是最大买主，大约买下了半数以上的日本珍珠。对于珍珠的养殖与销售，日本有着强大而严密的产销系统。由于有计划控制，即使钻石和其他宝石价格下降，但珠价不跌反涨。根据美国OUT杂志报道，20年前珍珠首饰的零售额已达5亿2百万美元至6亿美元。目前，珍珠市场主要是养殖珍珠的市场。1994年11月，在日本神户宣布成立世界珍珠机构（WPO），并由日本海水珠和中国的淡水珠分别组织联盟，使世界的珍珠市场更加规模有序。黑珍珠是一种罕见的珍珠，也是爱珠者最喜欢收藏的。同样粒径的黑珍珠价格是白珍珠的5倍。一颗10毫米以上的一等黑珍珠价格在4 000美元以上。海水人工养殖白珍珠以日本、中国的产量为最大，世界各类珍珠每年产量达400余吨，其中中国就占300余吨。中国淡水养殖珍珠占世界淡水珠的80%。在美国珍珠市场十分畅销中国产的无核养殖珍珠，一级珍珠市场价每千克30 000美元；六级以下的通货，价格亦在每千克300～1 600美元。中国合浦廉珠的身价两倍于日本、澳大利亚所产的珍珠，这是因为合浦人对于珍珠的品质管理做得很好，所以廉珠粒粒发光，颗颗走盘，在国际市场上颇享盛名。

5 中国宝玉石市场浏览

中国是世界文明古国，珠宝玉石企业的形成和发展，在人类文明史上写下了许多灿烂辉煌的篇章。自20世纪50年代，我国的珠宝玉石事业开始恢复与发展，具有东方艺术特色的珠宝玉石饰品逐渐走向世界。尤其在1980年以后，各种珠宝玉石企业蓬勃发展，促进了中国的珠宝玉石市场的繁荣。全国宝玉石企业的兴建和发展极为迅速，从业人员大量增加，据不完全统计，全国已发现的宝玉石品种有200余种，约占世界已发现宝玉石品种的70%，全国已有的宝玉石矿山100多个（不含金银和装饰石材）。中国既有珍贵的宝玉石原材料出口，同时也从国外大量进口高档次的宝玉石原材料。为了使中国的珠宝玉石市场赶上世界先进行列，必须进一步发展我国宝玉石的加工业并加强宝玉石的科学研究，创造和发明新的加工工艺及先进的技术设备，以提高我国宝玉石企业科学技术水平和市场竞争能力。

与此同时，我国珠宝首饰行业的发展也是伴随着购买力的提升而不断发展的。20世纪90年代，珠宝首饰消费真正地走入了百姓家庭，迎来了快速发展时期，而且少数国外奢侈品牌及香港的珠宝品牌开始进入中国，截止20世纪90年代末，我国的黄金首饰生产企业已达500多家，珠宝玉石首饰生产企业已达4 000多家；2000年以后，中国珠宝首饰行业更是进入快速成长期，截止2010年末，中国珠宝玉石首饰各类生产加工企业超过2万家，产业工人超过180万人，国内珠宝市场规模达到2 410多亿元。

中国的黄金珠宝玉石企业，经过历史的发展和现代的发展已各具特色，并分为东、西、南、北四大派系。

北派，是以北京为代表，主要采用中国传统工艺中的花丝镶嵌，闻名遐迩的作品有金銮宝座和花丝镶嵌凤鸣钟，代表企业有北京首饰厂和北京花丝镶嵌厂。

南派，是以广东、广西、福建为代表，那里生产的黄金珠宝首饰工艺集古今中外精华于一体，富有现代工艺特点，其代表作品为著名的金玉九龙壁。

东派，是以上海为代表，加工工艺细腻、精湛、时尚、雅致，既注重传统，又博采众长，代表企业有上海老凤祥银楼。

西派，是以天府之国的四川为代表，其工艺精湛、细腻，色彩淡雅含蓄，极富民族特色，代表企业有成都天和首饰厂和成都金银制品厂。

　　珠宝玉石在世界上有着辉煌的业绩，中国的珠宝玉石业同样有着悠久辉煌的开发、加工、科研、饰用、投资与收藏的历史，尤其是随着中国经济的不断发展，珠宝玉石市场的占有量正以极快的速度飞速增长，消费总额已名列世界第三。

　　现今中国珠宝玉石企业的发展动向为：一是产品的设计和制作趋向传统仿古和现代时尚创新相结合，二是企业发展趋向集团化。这些企业都具较强的实力，谙熟现代市场需求及消费潮流。从全国珠宝首饰企业发展的规模，就可从一个侧面看出中国黄金珠宝首饰市场欣欣向荣的局面和潜力。

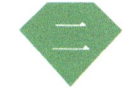

珠宝玉石术语

　　（1）珍珠　是指海洋或淡水中某些贝类（如蛤、蚌等）体内受到外来刺激、磨擦而分泌出的珍珠质，以此将外来物质层层包裹起来而形成的圆珠体。含有机质、带有光泽的矿物，为软体动物新陈代谢的产物。从古至今，珍珠是人们，尤其妇女最为喜爱的珍宝之一，曾有珠宝皇后之称。

　　（2）宝玉石　是指地壳里具有经济和艺术价值的各种矿物、岩石和生物遗体或遗迹。它们都具有一定的物质组成、内部结构、外部形态和物理化学性质，以及由此而决定的工艺美术性能。

(3) 物质组成　是指天然宝玉石中所含的物质成分，也就是组成宝玉石的物质。即使同种宝石，由于产地和形成原因不同，其物质成分也会具有一定的差异。

(4) 元素　元素为万物的基础，亦为组成宝玉石的基本物质。人类已知地壳里的元素有92种，其中含量较多的有氧、硅、铝、铁、钙、钾、镁、钛、碳、氯、磷等，它们也是组成天然珠宝玉石的主要或重要元素。

(5) 晶体　原子、离子或分子按一定空间次序排列而成的固体，具有规则的外形，如食盐、碳、云母、明矾等，也叫结晶体或结晶；由自然作用结晶而成，具有几何多面体外形的宝玉石晶体，其最突出的性质就是具有对称性。这种对称，实为晶体上相同部分作有规律的重复，一切宝玉石的晶体都是对称的，但不同类型的晶体常具有不同的对称程序。晶体上相同部分一般包括晶面、晶棱、角顶等。

(6) 类质同象　在一种晶体的内部结构中，本来完全可以由某种离子或原子占据的位置，部分被性质类似的其他离子或原子所占据，共同形成均匀的混合晶体的现象，也称同晶型，旧称同形性。相应的晶体称为类质同象混晶。例如钨铁矿晶体结构中一部分铁离子的结构位置可以被锰离子替代、占据，由此形成的黑钨矿晶体就是一种类质同象混晶。

(7) 同质异象　化学组成相同的物质，在不同的物理化学条件下，能结晶成两种或多种不同结构晶体的现象，也称多晶形或同质多象。同质异象只限于结晶物质的范畴，不包括非晶质和液体、气体中的液构现象。

(8) 结晶方式　元素结合，这是宝玉石形成的重要前提。但是否就一定成为固态的宝玉石，这就需要一定的过程，并与物理化学条件（温度、压力、物质浓度等）有关。尤其要经过结晶作用使之形成单晶或多晶结合体。这种结晶作用，简而言之，就是物质的质点（原子、离子、络离子、分子等）在一定条件下进行有规律排列的过程。

（9）液体结晶　指在熔融中或溶液中，当某种物质成分达到饱和状态和抵达饱和点时所开始的结晶作用，进而形成结晶质的宝玉石。如岩浆中的金刚石、镁铝榴石、橄榄石、磷灰石、磁铁矿，伟晶岩中的各种绿宝石及祖母绿、黄玉、石榴子石、锂辉石、碧玺、天河石、水晶、芙蓉石、金绿宝石、磷灰石，气化-高温热液型矿床中的红宝石、蓝宝石、尖晶石、石榴子石、水晶、青金石、翡翠、软玉、蔷薇辉石、绿宝石及祖母绿、碧玺、方柱石、锡石等。

（10）气体结晶　指由气相直接转变为结晶的宝石晶体，也就是由火山喷发作用所形成的自然硫宝石。

（11）由固态再结晶　指天然固态物质形成以后，由于环境的变异，其成分和结构发生变化进而产生再结晶作用所形成的新的宝玉石。如石灰岩在热力作用下，其中的方解石就可以再结晶而形成优质大理石。

（12）晶格类型　天然宝玉石晶体，如果其内部质点间的键性相同时，则常呈现出一系列共同的物理性质；如果其键性不同时，则其物理性质常有明显的差异。也就是说，在一种晶体结构中，如果其键力以某种键性居主导地位，则可将其归属于相应的晶格类型。

（13）离子晶格　指晶体结构中质点间的结合以离子键居主导地位的晶格，具有熔点高，热膨胀系数小的特点。如镁橄榄石、绿宝石含氧盐类宝玉石晶体。

（14）原子晶格　指晶体结构中质点间的结合以共价键居主导地位的晶格，具有熔点高，膨胀系数小，硬质中等至高的特点。许多硫化物宝玉石都属原子晶格，其中以金刚石最为典型。

（15）金属晶格　指晶体结构中质点间的结合以金属键居主导地位的晶格，晶体不透明，显金属光泽、反射率高，良导体，熔点高低不一，具延展性，如自然金、银等。

（16）分子晶格　指晶体结构中质点间的结合以分子键居主导地位的晶格，熔点低，易升华，热膨胀系数大，如大部分有机化合物。

(17) 理想形态　是指物质组成正常并形成于稳定环境中的宝玉石矿物晶体所具有的标准的几何外形。在地壳的一切晶体中，这种具有理想形态的宝玉石晶体所占的比例虽然不高，但却十分重要。

(18) 单形　是指宝玉石矿物晶体上能借助于对称要素的作用而相互联系起来的一组晶面的组合，一个这种组合即为一个单形。

(19) 结晶　根据矿物晶体的对称性、几何形状可分为六大晶系。每个晶系有多种不同的形态，不过，同一个晶系内的所有形态都与该晶系的对称性有关。研究矿物集合体，可得知矿物属于哪个晶系，以下为6大晶系结构图。

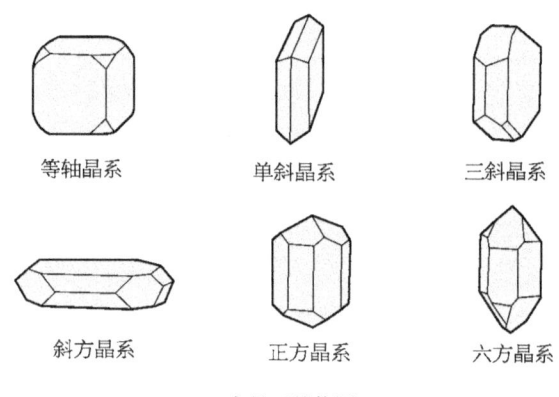

6大晶系结构图

(20) 聚形　是指由两个或两个以上的单形聚合在一起所构成的晶形，无论在什么情况下，只有对称性彼此相同的单形才能在一起构成聚形，也就是只有属于同一对称型的单形方可相聚。

(21) 平行连晶　是指由两个或两个以上的同种晶体，按所有结晶方向以全都相平行的关系而构成的整体型宝玉石，如磷灰石、正长石、磁铁矿、水晶。

(22) 双晶　是指两个或两个以上的同种宝玉石矿物晶体彼此按一定的对称关系相互结合而成的规则连生体。

(23) 块状　又称致密块状，通常指由一种或多种粒径大致相等、排列无方向性的无数个矿物颗粒彼此紧密地连生在一起而构成的致密宝玉石块体。外形有随意性，常见为不规则立方体、长方体、柱状体、圆柱体、板状体、菱面体、团块状体等。

（24）条带状　指具有不同的成分、粒径、含量或具有不同颜色的矿物集合体，在同一块宝玉石上交替、重复出现时所构成的一种宝玉石形态，如玛瑙多具有这种条带。

（25）同心层纹状　又称同心环带状或晶腺状，指条带或花纹围绕着一个中心一层又一层地交替或重复出现，且形态各异的一种宝玉石，如玛瑙、孔雀石即常呈此类纹状。

（26）星点状　指宝玉石形成过程中或形成之后，一种或多种色泽艳丽、形态优美的细小矿物颗粒成星点状叠生或分布于其中所呈现出的一种宝玉石形态，如青金石等。

（27）杏仁状　指矿物质充填于火山岩的气孔中所形成的如杏仁般的扁球体，且呈有规律分布的一种宝玉石形态。也就是一种遭受了挤压及蚀变的杏仁状安山岩。

（28）鲕（ér）状　指由状如鱼卵大的无数个矿物质球粒所构成的一种宝玉石形态。

（29）葡萄状　指外观有一系列呈球形的半球体密集排列和连接起来，状如一串串葡萄似的一种宝玉石形态。其半球体大小为0.5～2厘米不等，间或有更大者。

（30）肾状　指外观有一系列呈凸长圆、凸椭圆形的半长圆球体密集排列和连接起来，如肾似的一种宝玉石形态。

（31）钟乳状　指在岩石或矿层的洞穴或空隙中，从同一基底向外逐层生长而成的呈圆锥形、圆柱形或乳房状的一种宝玉石形态。

（32）皮壳状　指外观犹如弯曲或不平坦的层层皮壳的一种宝玉石形态，其实是带状之发生畸形者，常见于风化型矿床或矿床气化带中，如孔雀石、绿松石等。

（33）胶状　又称胶凝体状，是指由水胶凝体固结而成，外观如胶状或冻胶状的一种宝玉石形态，它属于非晶质之列，如著名的欧泊石、蛋白石等。

（34）结核状　指矿物质在成矿作用过程中以某种其他物质的颗粒为核心，从中逐渐向外生长或扩大，最后形成一个个呈球状、椭球状、鹅卵状、瘤状及各种不规则状的一种宝玉石形态，如黄铁矿、绿松石、孔雀石、玛瑙等。

（35）矿物包裹体　是指矿物中所包含的物质或物体，或矿物在形成过程中所捕获的成岩或成矿物质。包裹体形成的物质来源可以是相同于主矿物的成岩成矿溶液，也可以是与主矿物无关的外来物质。而成岩成矿溶液则是在捕获包裹体时存在于主矿周围的流体介质，如溶液、岩浆或气体。

（36）宝玉石包裹体　是指符合工艺美术要求的矿物中的包裹体，其中以单晶体型宝石的包裹体为主，如金刚石、水晶、红宝石、蓝宝石、祖母绿、电气石、黄玉等宝石中的包裹体。英美等国的学者则有更为广泛的见解，认为包裹体是包括表面和内部的裂纹（断口）和解理，封闭在宝石内部的气体、液体、晶体和其他固体物质等。

（37）宝石颜色　俗称色彩，为人眼视觉的基本特征之一。它是宝玉石最为重要和起决定性作用的光学性质及工艺美术特征。宝玉石质量的好坏、经济价值的高低，在很大程度上取决其颜色是否美丽和引人入胜。那些由特殊光学效应所决定的特异色彩，更被视为宝石的绝色。

（38）宝玉石颜色与电磁波辐射　据物理学研究，颜色为一定波长范围内的电磁波辐射。当波长在390～770纳米可见光范围内的电磁波辐射，通过适当途径刺激人的视觉神经时，人们就会有颜色的感觉。

（39）颜色与可见光　宝玉石的颜色是由于其中的矿物晶体对可见光中不同波长的光（光子）产生选择性吸收，其余未被吸收的光经透射或反射后在人眼中所引起的感觉或反映。原来，在可见光区从长波至短波方向包括有红、橙、黄、绿、蓝、青、紫7种单色光。红色光770～622纳米，橙色光622～597纳米，黄色光597～577纳米，绿色光577～492纳米，蓝－靛色光

492～455纳米，紫色光455～390纳米，白光则是由这7色光混合而成的。

(40) 条痕 是指宝玉石矿物在白色无釉瓷板上磨擦时，所留下的粉末痕迹。由于条痕色消除了假色，减弱了他色，故通常比矿物晶体或块体的颜色更为固定，并在宝玉石鉴定方面尤具重要意义。

(41) 光泽 是指宝玉石矿物晶体表面反光的能力，或矿物晶体表面对可见光的反射能力。这种表面是指平滑的晶面、解理或磨光面等。

(42) 透明度 是指宝玉石允许可见光透过的程度。凡能容许大部分光线通过，当隔着1厘米厚的宝玉石片观察其后的物体时，能清晰地见到物体轮廓的细节者，这种现象称为透明。这种宝玉石则称为透明宝玉石。

(43) 变色效应 是指同一种宝玉石矿物晶体在不同类光源的照射下所产生颜色改变的光学现象，最典型如著名的金绿宝石的变种亚历山大石。

(44) 变彩效应 是指宝玉石内部由于孔隙或杂物的存在，或因特殊的结构，当白光入射时会发生衍射和产生干涉，并由此在宝玉石表面呈现出多种颜色变幻、闪光的光学现象。

(45) 折射 光从一种介质（如空气）射到另一种介质（如宝玉石矿物晶体）的平滑界面（反射面）时，其中一部分将被界面所反射，另一部分则进入界面而在另一种介质中发生折射。显然，所谓折射就是光波在传播过程中从一种介质射入另一种介质时，其传播方向发生偏折的现象。

(46) 折射率 是用来表示两种介质中光速比值的物理量。任一介质对真空的折射率称为这种介质绝对折射率，简称折射率。

(47) 双折射 是指射入某些透明宝玉石矿物晶体的光线被分裂为2束，并沿不同方向发生折射的现象。因此，当通过某些一轴晶透明宝玉石矿物晶体去观察其后面的物体时，常可见到双影像，最典型的就是冰洲石。

(48) 双折射率 又称重屈折射，为非均质透明宝玉石矿物晶体两个折射率的差值，通常用其矿物晶体的最大折射率与最小折射率差值来表示。

(49) 色散 是指复色光被分解为单色光而形成光谱的现象，又称为色散效应。如太阳光通过三棱镜时就会出现按红、橙、黄、绿、蓝、靛、紫次序排列的彩色连续光谱，这对于了解透明宝玉石矿物晶体的色散是很有意义的。

(50) 多色性 是指有色、透明的非均质宝玉石矿物晶体在透射光的照射下，因方向不同而呈现出不同颜色的性质。

(51) 吸收性 是指透明宝玉石矿物晶体对入射光波吸收的性能，或在不同方向所呈现出来的对光波的吸收程度的差异性。

(52) 硬度 是指宝玉石抵抗外力对其进行刻划、压入、研磨的能力。根据外力的性质和作用方式的不同，可以将其分为刻划硬度、压力硬度、研磨硬度三种。宝玉石物质成分和内部结构的不同必将导致其硬度出现种种差异。

摩斯硬度计简表

硬度等级	标准矿物	宝玉石举例
1度	滑石	滑石
2度	石膏	石膏
3度	方解石	方解石、冰洲石、斑铜矿
4度	萤石	萤石、铝氟石膏
5度	磷灰石	磷灰石、透视石
6度	长石	月长石、日长石、硬柱石
7度	石英	水晶、芙蓉石、蓝线石
8度	黄玉	黄玉、铝硼锆钙石
9度	刚玉	红宝石、蓝宝石
10度	金刚石	金刚石或钻石

(53) 解理 宝玉石矿物晶体在应力的作用下，严格沿着一定结晶方向的网面发生破裂的特性称为解理；沿解理破裂而形成的平面称为解理平面。

(54) 裂理 宝玉石矿物晶体在应力的作用下，有时可以沿其内部一定结晶方向的网面或一定结晶的方位发生破裂，这种非固有性的特性称为裂理或裂开。

(55) 断口 宝玉石晶体在应力作用下，不按一定的结晶方向发生破裂所形成的断开面称为断口。

(56) 延展性 是指宝玉石矿物在受到外力的拉引、碾压或锤击时发生塑性形变，趋向于形成细丝、薄片的特性，趋于细丝者称延性，趋于薄片者称展性。延展性为纯金属矿物的一种特性。

(57) 相对密度 宝玉石矿物的质量与体积的比值，常用单位为克／厘米^3。

(58) 导热性 是指宝玉石矿物晶体对热的传导能力，通常由较热的部分向较冷的部分传导。

(59) 熔点 是指宝玉石矿物晶体受热熔解时的温度，也就是此晶体的固态和液态可以平衡共存的温度。

(60) 可溶性 是指宝玉石矿物在水中能够溶解的性质。

宝玉石矿物可溶性分级简表

等 级	宝玉石矿物举例
极难溶	红宝石、蓝宝石、赤铁矿、水晶、金红石、锡石、磁铁矿、闪锌矿、辰砂、锆石、石榴石、蓝晶石、钾长石、正长石、天河石、钠长石、金刚石、自然金等
难溶	萤石、赤铜矿、针铁矿、斑铜矿、黄铁矿、菱铁矿、重晶石、白钨矿、橄榄石、黄玉、锂辉石、普通辉石、绿宝石、滑石、翡翠、软玉等
中溶	雄黄、孔雀石、菱锌矿、磷灰石、褐帘石、符山石、十字石、电气石等
易溶	欧泊石、磁黄铁矿、冰洲石、硅锌矿、绿帘石、透辉石、透闪石、阳起石、霞石等
极易溶	冰晶石、雌黄、菱镁矿、天青石、石膏、硬石膏、硼砂、蛇纹石、石榴石等

(61) 宝玉石的瑰丽　瑰丽是宝玉石必然具备的重要条件，也是工艺美术上对宝玉石的主要要求。人总是喜欢美的，如果不美，就无所谓宝玉石了。

(62) 宝玉石的耐久　宝玉石的外观美丽固然十分重要，但不能包括一切。优良的宝玉石还必须具有耐久性，即宝玉石抵抗物理作用和化学作用的性能。

(63) 宝玉石的稀少　物以稀为贵，瑰宝世所稀。千万年来的实践证明，宝玉石之所以成其为宝玉石，不仅在于她美丽、耐久，而且在于她在地壳里分布有限、十分稀少，特别是其中的高档宝玉石更为稀罕。

(64) 气化——热液型宝玉石矿床　指由于地下含矿的气体和液体溶液的活动，导致有用物质在适宜的处所富集而形成一类宝玉石矿床。

(65) 宝玉石的分类见下表

宝玉石分类简表

大类	亚类	详细类别及实例	说　明
天然宝玉石	无机宝玉石	宝石	按化学成分、晶体结构、存在状态等因素的不同可分为自然元素类、卤化物类、氧化物及氢氧化物类、硫化物类及含硫盐类、含氧盐类（硼酸盐类、碳酸盐类、硫酸盐类、磷酸盐类、砷酸盐类、钒酸盐类、铬酸盐类、钨酸盐类、钼酸盐类、硅酸盐类）等	绝大多数为矿物单晶体型
		玉石	按物质成分、内部结构、存在状态、产出状况等因素的不同可分为石英类、石英岩类、碳酸盐类、磷酸盐类、硅酸盐类等	矿物集合体型
		饰刻石	按性质、工艺美术特征、用途等的不同可分为饰面石、印章石、砚石、碑碣石、磐石等	矿物集合体型

（续表）

大类	亚类		详细类别及实例	说明
天然宝玉石	有机宝玉石	有机矿物型	水草酸钙石、蜜蜡石等	发现不多
		化石型	煤精、琥珀、硅化木、珊瑚石、百鹤石等	实为生物质宝玉石
		生物型	珊瑚、珍珠、象牙等	
	观赏石	矿物类观赏石	水晶、雄黄、雌黄、辰砂、辉锑矿、方解石、蓝铜矿、孔雀石、绿柱石、电气石、黄玉、石榴石等	
		岩石类观赏石	太湖石、英石、上水石、钟乳石、蘑菇石等	天然艺术品，品种繁多
		古生物类观赏石	三叶虫、珊瑚、菊石、直角石、石燕等	
人造宝玉石	合成宝玉石		金刚石、水晶、红宝石、蓝宝石、欧泊石、金绿猫眼、祖母绿、翡翠等	与天然宝玉石的物质成分和结构相同
	仿制宝玉石		用玻璃、塑料、钛酸锶、立方氧化锆等宝玉石仿制材料来仿制多种天然宝玉石	假宝玉石
	组合宝玉石		各种双组合件、三组合件等	欺骗性很大

（66）**火彩** 又称出火，简称火，为光线进入刻面型宝石内部后，又从正面出射时所产生的色散现象。其中，好火能给人以色彩缤纷、光辉夺目之感，极为美丽动人。各种无色透明的宝石，尤其是高色散的品种（如钻石，色散为0.044），在按标准款式设计和加工之后，就能得到绚丽夺目的火彩。

（67）**净度** 是指宝玉石原石经过设计和加工后所获得的刻面型宝玉石纯净无瑕，或极少含瑕疵。宝玉石的净度是决定其质地优劣的一个重要因素，在宝玉石原石的造型设计和加工过程中

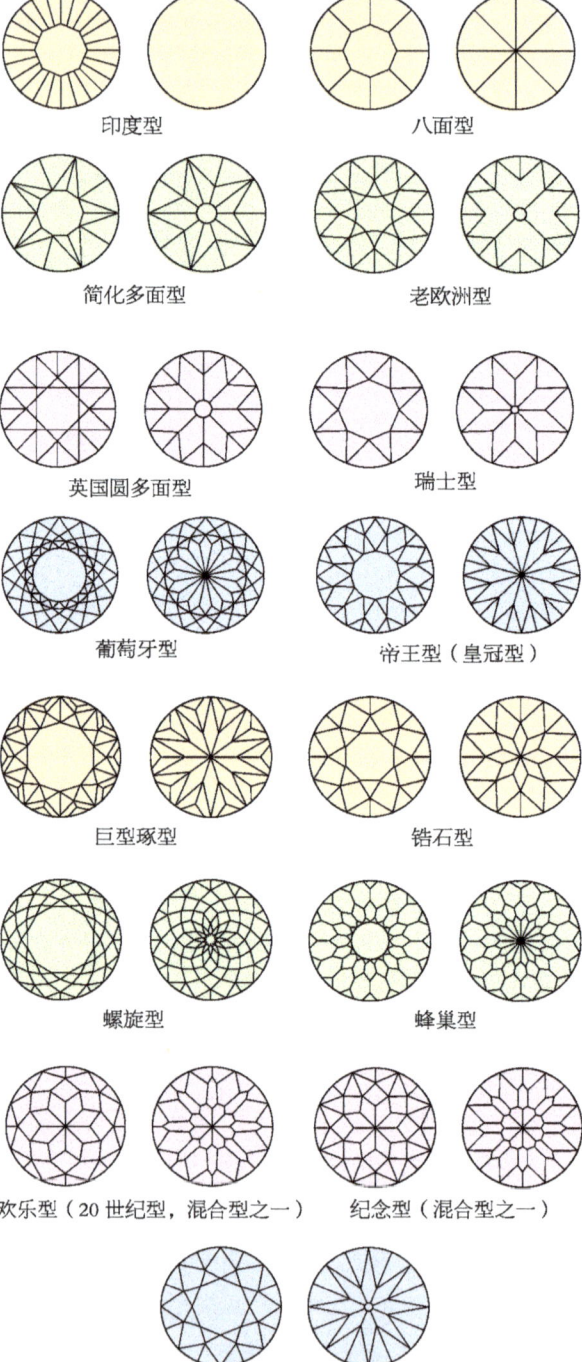

近代和现代若干圆钻石型图

要正确处理瑕疵，使它对宝玉石的影响降低到最低程度。

(68) 钻石型　是因其款式起源于金刚石晶体的外形而得名，现今还将其称为多面型。在所有的刻面型宝石款式中，钻石的款式琢型最多。无疑，它是宝石级金刚石加工过程中最常用的款式，并适用于所有刻面型宝石的加工。

(69) 首饰三性　古今首饰之所以成其为首饰，一般认为她具有"三性"。①艺术性：是指首饰在颜色、光泽、透明度、特殊光学效应等方面均具有优良或完好的艺术美；②实用性：首饰在人类诞生之初便已出现，且具有实用价值和由此而决定的实用性；③商品性：从古至今，首饰就是一类方便携带、交换、买卖和使用，且保值期很长的商品。首饰的艺术性愈高，其商品性也就愈强。

(70) 量块　是一种有重量感的形象，是以几何形态为主的假三维状态的设计要素。采用量块设计使首饰在造型上有整体感、有气魄和分量，有利于工艺施工和材料、结构的处理，且在心理上有安定、扎实和稳重感。

(71) 空间　空间即体的构成，是首饰设计的灵魂。点、线、面的有机结合，就形成了空间，只是这种结合比一般的几何形体要复杂得多。在构思和设计过程中，空间是使首饰艺术造型生动的根本要素，如通常所谓的意境，就是空间要素所造成的气氛和由此而形成的寓意及情调。

(72) 分割　是指画面的分割，从空间的变化得来，其意义在于认识和运用空间；从艺术造型而论，空间可以分割，也可以不分割，可以用线分割，也可以用面分割。分割的目的在于获得空间的内容，主要有以下两种方式。①黄金分割：指按视觉最美的画面分割比例(0.618∶1)进行分割；②自由分割：通常是舍弃自然具象，取局部形象的边沿划定空间，其原则是要获得符合美的视觉效果。

圆形

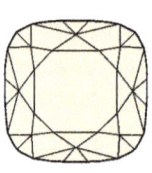
单翻式圆形

方圆角形

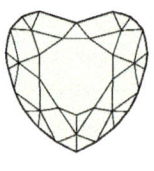
心形

梨形

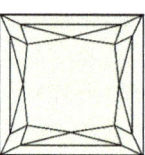
方形

橄榄型

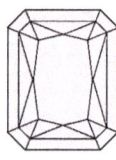
八角形

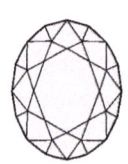
蛋形

长方形

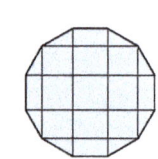
堡垒形

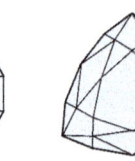
三角形(弯边)

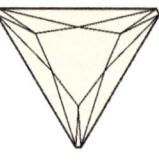
三角形(直边)

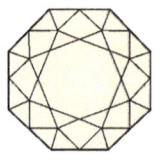
小八边形

宝石的艺术造型

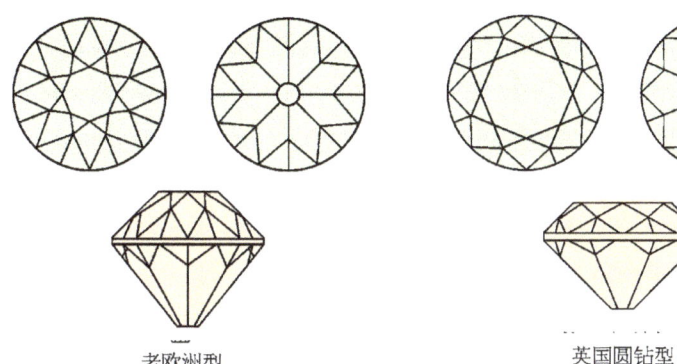

近代圆钻石型图

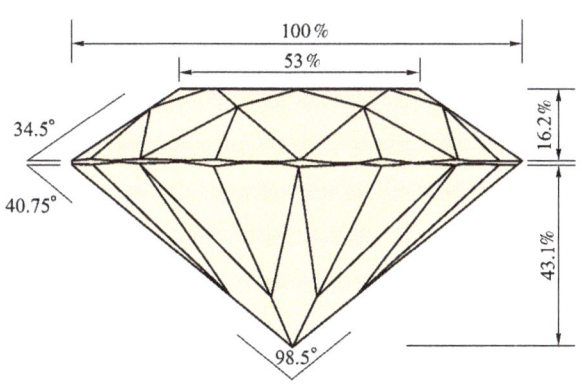

现代圆钻石琢型刻磨比例简图

现代标准圆钻石琢型刻磨比例简表

刻磨比例 (%) 琢型参数	马歇尔·托尔科瓦斯基琢型	欧洲琢型	斯堪的纳维亚琢型
腰部直径	100	100	100
台面直径	53	56	57.5
冠部高度	16.2	14.4	14.6
亭部深度	43.1	43.2	43.1
台面至底面的高度	59.3	58.5	57.7

后记

　　珠宝玉石在世界上有着辉煌的业绩，中国的珠宝玉石业同样有着悠久的开发、加工、科研、饰用、投资与收藏的历史，尤其是随着中国经济的不断发展，珠宝玉石市场的占有量正以极快的速度发展，珠宝玉石市场的占有量正以极快的速度增长，消费总额名列世界第三。

　　本书从珠宝玉石范畴精选出5种贵美宝石、3种贵金属饰品，12种著名宝石，7种普通宝石，3种生物宝石，并撷取了数量颇丰的珠宝玉石图片以飨读者。当然，这仅是珠宝玉石的沧海一粟，远未能表达全貌。

　　在撰写这本书时，我深深地感到：每写一本书都是完成一个小小的"系统工程"，而作为作者，个人的力量是有限的。如同努力支持世界珠宝玉石业发展一样，有许许多多的人士对本书的编著进行过积极热情、慷慨无私的帮助与支持，我应该向那些关怀与帮助过我的每一位人士表示衷心的感谢！同时希望，本书的出版能对广大的珠宝玉石爱好者在了解、鉴赏、鉴别、投资和收藏珠宝玉石时有所裨益。

编著者

2013年5月

www.ingramcontent.com/pod-product-compliance
Lightning Source LLC
Chambersburg PA
CBHW042226010526
44111CB00046B/2974